حوّا

مجموعه داستان

مژگان صمدی

۱۳۹۲

مژگان صمدی

حوّا

مجموعه داستان

چاپ اول: اچ‌انداس مدیا، لندن، ۱۳۹۲
طراحی جلد: کورش بیگ‌پور
صفحه بندی: اچ‌انداس مدیا

شابک ۹۷۸۱۷۸۰۸۳۳۹۷۲

فهرست

حوّا

۱

چشمانش را که باز کرد دلشوره باز به سراغش آمد. هوا هنوز روشن نشده بود. اتاق سرد بود و دلگیر. غلتی زد و نگاهش افتاد به جای خالی غلام.

یک ماه از زندانی شدن شوهرش می‌گذشت. آنقدر ازش مواد گرفته بودند که حوّا می‌دانست حالا حالا باید در زندان بماند. ناراحت غلام نبود. دلش هم تنگ نشده بود از بس که این اواخر از دستش زجر کشیده بود. دلش شور خودش را می‌زد. فکرهای مهمتر، تصویر غلام را از ذهنش دور کرد؛ صاحب خانه وقتی خبردار شده بود که غلام را گرفته‌اند گفته بود که اتاق را می‌خواهد. تا سر ماه فرصت داده بود حوّا اسبابش را بکشد. یک ماه گذشته بود و حوّا هنوز آنجا بود. خودش هم بدش نمی‌آمد هر چه زودتر از آن خانه برود. از وقتی غلام را گرفته بودند مردهای همسایه مثل گرگ گرسنه، انگار بره‌ای دور از گله گیر آورده باشند، با چشم می‌خوردنش. اجاره اتاق هم چند ماهی عقب افتاده بود هر چند صاحب خانه از پول پیش کمش می‌کرد. آنچه که بیش از هر چیزی ذهنش را مشغول

می‌کرد پیدا کردن کار بود. سه هفته بود هر روز از خواب بیدار می‌شد و به کوچه می‌زد شاید بتواند کاری پیدا کند اما هر غروب دست از پا درازتر به خانه برمی‌گشت.

چشمانش را بست و در دل نیت کرد: «یا موسی ابن جعفر نیم کیلو مشکل گشا نذرت امروز این کار درست بشه».

اشک گوشه چشمش را با پشت دست پاک کرد. دماغش را بالا کشید و از جا بلند شد. رختخوابش را جمع کرد. کتری را روی گاز گذاشت و از اتاق بیرون رفت. همسایه‌ها هنوز خواب بودند. بی سر و صدا به توالت رفت که در کنار حیاط بود. از شیر سر حوض چند مشت آب به صورتش زد. تا به اتاق برسد دندان‌هایش از سرما به هم می‌خورد. هر چند هوای اتاق با بیرون فرق چندانی نداشت؛ هنوز چراغ علاءالدینش را روشن نمی‌کرد. کمی چای دم کرد و سفره را از گوشهٔ اتاق جلو کشید. تکه‌ای نان لواش در آن بود لقمه‌ای قاضی کرد و با چای شیرین خورد. لقمه‌ای هم در کیفش گذاشت. چادرش را سرش انداخت و آرام از اتاق بیرون رفت. می‌خواست تا کسی او را ندیده از خانه بیرون بزند.

به کوچه که پا گذاشت احساس کرد از زندان آزاد شده است. این اواخر شب‌ها با آنکه در را قفل می‌کرد باز هم می‌ترسید کسی نصف شب سراغش بیاید اما بیرون از خانه خیالش راحت بود. در شلوغی شهر گم می‌شد. کسی او را نمی‌شناخت. کسی نمی‌دانست که شوهرش در زندان است و او در تهران بی‌کس و تنهاست.

سه سالی می‌شد که به تهران آمده بودند. هنوز شش ماه از عروسی‌شان نگذشته بود که غلام یک روز آمده بود خانه و گفته بود: «باید بریم تهران. من نمی‌توانم تا قیامت توی قهوه خانهٔ بابام کار کنم. تهران کار زیاد است. پول جمع می‌کنم

برمی‌گردیم برای خودم دکان می‌زنم که آقای خودم باشم». گفته بود یکی از دوستانش چند سال پیش به تهران رفته است و حالا وضع زندگی‌اش خیلی خوب است «پیغام داده بیا».

حوّا باورش شده بود. پدر و برادرها با اخم به حرف‌های غلام گوش داده اما چیزی نگفته بودند. مادرش با اشک او را بدرقه کرده بود: «قربان قدت، غربت سخته. منو بابات از قشم آورد این جا. می‌دانم غربت یعنی چه.»

هنوز مدت زیادی از آمدنشان به تهران نگذشته بود که حوّا فهمیده همهٔ حرف‌های غلام دروغ بوده و این کار را کرده که پدر و برادرهای او از اعتیادش بویی نبرند.

بلیط را از در جلو به راننده داد و از در عقب سوار اتوبوس شد. قسمت زن‌ها با میله‌ای از قسمت مردها جدا می‌شد. جلوی اتوبوس جای سوزن انداختن نبود. حوّا نگاهی به دور و بر انداخت. دو تا زن بیشتر نبودند. همان ردیف اول نشست و چشم دوخت به خیابان که یک وقت ایستگاه را جا نگذارد. مردی چاق و قد کوتاه که آن طرف میله ایستاده بود به طرف حوّا برگشت و به او خیره شد. حوّا محلش را نگذاشت. چند دقیقه بعد پایش را آرام از زیر میله عبور داد و پای حوّا را لمس کرد. حوّا از جایش بلند شد. یک سر و گردن از مرد بلندتر بود. از آن بالا با اخم به مرد چشم غره‌ای رفت. چند ردیف عقب‌تر نشست.

قد بلندی حوّا به پدرش رفته بود. کلاس اول راهنمایی مثل دختر ۱۵ ساله بود. دو سال بعد که سوم راهنمایی را تمام کرد پدرش نگذاشت درسش را ادامه دهد. گفت «وقتشه که شوهر کنی». حوّا دلش می‌خواست دیپلمش را بگیرد. جرأت نمی‌کرد به بعد از آن فکر کند. اما خیلی از دخترهای بندر تا دیپلم درس می‌خواندند. حوّا خیلی گریه‌زاری کرده بود، خیلی به دامن

ننه‌اش افتاده و التماس کرده بود که رأی پدرش را بزنند اما فایده نداشت.

پدر برایش شوهر زیر سر گذاشته بود. شوهر دادن حوّا به امید پایان اختلافات خانوادگی و خون و خونریزی بین دو طایفه بود. معلوم بود که بابا درس خواندن او را فدای صلح و آرامش بین دو طایفه می‌کرد. بزرگان فامیل از این وصلت خوشحال بودند.

غلام هم به اندازهٔ حوّا از این ازدواج ناراضی بود. سال‌ها بود که خاطر دختر خاله‌اش را می‌خواست اما خودش خوب می‌دانست که حال زن داری و کار و مسئولیت را ندارد. سر جریان حوّا هم کسی نظر او را نپرسیده بود. غلام به ننه‌اش گفته بود که حوّا را نمی‌خواهد. او هم گفته بود که این تصمیم مردهای طایفه است و اگر جرأت دارد برود این را به آنها بگوید تا از نو جنگ راه بیفتد. آنقدر که آشتی دو طایفه اهمیت داشت، نظر آن دو جایی نداشت.

بعد از عروسی، غلام خوب می‌دانست که اگر در بندر بماند دیر یا زود پدر و برادرهای حوّا می‌فهمند که او معتاد شده است و نه تنها او بلکه بقیه اعضاء خانواده تاوانش را پس خواهند داد. این بود که دست زنش را گرفت و به تهران رفت.

غلام از همان اول هم اهل کار کردن نبود. به جای رفتن به دریا و کار کردن روی لنج و کشتی، توی قهوه خانهٔ پدرش می‌چرخید و دلش خوش بود که کار می‌کند. از بچگی لاغر و ضعیف بود و ننه‌اش همیشه هوایش را داشت که کار سخت نکند. حالا از وقتی هم که معتاد شده بود دیگر نای راه رفتن نداشت. هر روز چند ساعتی در شهر می‌چرخید و به خانه برمی‌گشت می‌گفت کار نیست. گوشهٔ اتاق می‌افتاد و چرت می‌زد.

درست است که حوّا به زندگی راحت عادت نداشت اما در

خانهٔ پدرش همیشه غذای گرمی برای خوردن بود و جای نرمی برای خوابیدن. حالا در تهران غلام حتی قادر نبود شکم زنش را سیر کند. حوّا هیچ جوری نمی‌توانست وادارش کند که ترک کند. چند بار تهدیدش کرد که طلاق می گیرد اما خودش هم می‌دانست دل همچین کاری را ندارد. روی برگشتن به بندر را هم نداشت. می‌دانست برادرها غلام را می کشند و جنگ بین دو طایفه از نو شروع می‌شود. همان بهتر که کسی از دردش با خبر نشود.

مادرش روزهای جمعه در مخابرات می‌نشست تا حوّا به او زنگ بزد. حوّا هر چه دروغ بلد بود سر هم می کرد تا خیال مادرش راحت شود که زندگی‌اش خوب است و مشکلی ندارد. در این سه سال دو بار هم خودش رفته بود بندر. هر بار می گفت: «شکر خدا غلام خیلی مشغوله، ایشاالله برای عید با هم میایم... ایشاالله بمانه برای تابستان». به دروغ می گفت که با هم به زیارت امام رضا رفته‌اند و چقدر خوش گذشته است. طوری حرف می‌زنند انگار وضع‌شان آنقدر خوب است که دیگر خیال ندارند به بندر برگردند. همه می گفتند حوّا خیلی شانس آورده.

از یک سال پیش وضع‌شان کمی سرو سامان گرفته بود. غلام خرجی می‌داد و حوّا غذای درست حسابی می‌پخت. کم کم آب می‌رفت زیر پوست غلام. اما کم حرف شده بود. چشمانش دودو می‌زد. معلوم بود از چیزی می‌ترسد.

چهارراه استانبول از اتوبوس پیاده شد و به طرف میدان مخبرالدوله به راه افتاد. فاطمه، خواهر زری خانم که در یک تولیدی لباس نوزاد خیاطی می کرد دیشب آمده بود در اتاق حوّا و گفته بود تولیدشان کارگر لازم دارد. آدرس را داده بود و گفته بود: «خودم از هشت صبح اون جام.»

حوّا که رسید هنوز هشت نشده بود. از پله‌های چوبی و تق و لق که زیر پایش جیر جیر صدا می‌داد بالا رفت. درراهروی نیمه تاریک بوی نم با بوی نفت و دود چراغ دل آشوبهٔ حوّا را بیشتر کرد. معلوم بود کسی کف چوبی را تازه آب و جارو کرده است. فاطمه گفته بود «از پله‌ها که رفتی بالا دست راست در دوم.» در زد. صدایی کلفت و مردانه با تحکم گفت: «بفرما». حوّا وارد شد. اتاق بزرگی بود که دور تا دور آن چرخ خیاطی گذاشته بودند. به در و دیوار اتاق لباس‌های نوزاد چسبانده بودند و چند عکس قدیمی از بچه‌های قشنگ و تپل خارجی در حال خندیدن. سمت راست، اتاق کوچکی بود، که با یک در شیشه‌ای از خیاط خانه جدا می‌شد. سمت چپ پنجرهٔ بزرگی بود رو به خیابان لاله زار. از پنجرهٔ ساختمان روبرویی مردی به بیرون آویزان شده بود و با کسی در خیابان حرف می‌زد. بالای خیاط خانه میز بزرگی بود، مردی پشتش نشسته بود و صبحانه می‌خورد.

حوّا سلام کرد و همان دم در ایستاد. مرد از جایش بلند شد. و لیوانش را برداشت به طرف میز کوچک کنار دیوار رفت که سماور و بساط چای رویش بود. مرد قد بلند نبود اما بدن ورزیده‌ای داشت. پیراهن و شلوار سیاه به تن داشت. کت چرمی سیاهی روی دوشش انداخته بود. زنجیر طلای کلفتی از یقه باز پیراهنش در لابلای موهای پرپشت سینه‌اش برق می‌زد. روی دست چپش خالکوبی داشت. ضمن جویدن لقمه گفت: «سام علیک.»

حوّا گفت: «گفتن این جا کارگر می‌خواین.»

مرد لیوان را زیر شیر سماور گرفت و همان طور که حواسش به لیوان بود، پرسید: «کی گفته؟»

- خانم حسینی.

مـرد سـرش را بلنـد کـرد و نگاهـی بـه حـوّا انداخـت. موهـای فـر پرپشـتش روی پیشـانی ریختـه بـود و از پشـت، گردنـش را می‌پوشـاند. لبـش از زیـر سـبیل کلفـت سـیاهش دیـده نمی‌شـد. بـا سـر بـه صندلـی خالـی کنـار میـز اشـاره کـرد. پشـت میـز نشسـت و در همـان حـال کـه حـوّا را برانـداز می‌کـرد بـرای خـودش لقمـه گرفـت و در دهـان گذاشـت و یـک قُلُـپ چـای رویـش گرفـت. دسـتمال دور دسـت راسـتش را بـاز کـرد بـه سـبیل‌های براقـش کشـید. دسـتمال را در جیـب شـلوار گذاشـت. در تمـام ایـن مـدت چشـم از حوّا برنداشـته بـود. صـدای قـل قـل سـماور و بخـاری کـه از آن بلنـد می‌شـد حـوّا را بـه یـاد خانـه انداخـت. دل آشـوبه‌اش کمـی آرام گرفـت. مـرد گفـت: «آبجـی سـابقهٔ کار داری؟»

حـوّا سـرش را بلنـد کـرد و گفـت: «واللـه تـا حـالا جایـی کار نکـردم امـا چـرخ دارم تـوی خانـه بـرای مـردم خیاطـی می‌کنـم.»

وقتـی پـدر حـوّا نگذاشـته بـود کـه دیگـر بـه مدرسـه بـرود یـک چـرخ خیاطـی برایـش خریـده بـود تـا از دلـش درآورد. حـوّا در آن چنـد مـاه قبـل از رفتـن بـه خانـهٔ غـلام، کلاس خیاطـی می‌رفـت. تـا بنـدر بـود بـرای زن‌هـای فامیـل خیاطـی می‌کـرد.

کارگـران تولیـدی یکـی یکـی می‌آمدنـد. فاطمـه سـومین نفـر بـود. چشـم حـوّا کـه بـه او افتـاد دلـش کمـی گـرم شـد. فاطمـه بـه طـرف میـز آمـد و سـلام کـرد. مـرد بـی آنکـه سـرش را بلنـد کنـد محکـم جـواب داد: «علیـک سـلام».

فاطمـه گفـت: «اصغـر آقـا ایـن خانـم همونیـه کـه در مـوردش باهاتـون صحبـت کـردم. هـم خیاطـی بلـده هـم اهـل کاره. چنـد روزی کـه پیـش خـودم بشـینه همـه چـی رو بهـش یـاد میـدم.»

اصغر گفت: «باس یه هفته‌ای کار کنه بینم چه جوریه.»

حـوّا قنـد در دلـش آب شـد. خـون بـه صورتـش دویـد. می‌دانسـت کـه هـر طـوری شـده بایـد آن جـا مانـدگار شـود. چیـزی نپرسـید.

اصغر از جایش بلند شد و به اتاق کوچک کنار گارگاه رفت. حوّا کنار فاطمه پشت یکی از چرخ‌ها نشست. می‌دانست کارگرها زیر چشمی نگاه می‌کنند. بعضی‌ها با بغل دستی‌شان پچ پچ می‌کردند اما حوّا باکش نبود. تمام حواسش را داد به حرف‌های فاطمه.

۲

ده روز از کار کردن حوّا می گذشت. کم کم با همهٔ کارگرها آشنا شده بود. از محیط خیاط خانه خوشش می‌آمد. هیچ وقت مشتری‌ها به کارگاه نمی‌آمدند. تقریباً هیچ کس به جز اصغر به آن اتاق رفت و آمد نداشت. از صبح صدای رادیو بود و صدای چرخ خیاطی‌ها. کم پیش می‌آمد کارگرها به صورت گروهی با هم صحبت کنند. فقط کسانی که چرخ‌شان کنار هم بود یواش با هم حرف می‌زدند.

آن روز اصغر او را به دفتر صدا کرد. شرایط کار را که حوّا خودش در آن ده روز کماکان فهمیده بود برایش گفت و سر آخر اضافه کرد:

- از امروز تا سه ماه این جایی. اگه کارت خوب باشه می‌تونی بمونی. دو تا هم ضامن می‌خوای.

- والله به غیر از این فاطمه خانم کسی رو ندارم.

- پس باید شناسنامه‌ات رو بیاری توی این سه ماه بذاری این جا.

آن روز عصر حوّا که خیالش از بابت کار راحت شده بود، با

خوشحالی به خانه برگشت و اثاثیه‌اش را در چند کارتن ریخت. یکی از زن‌های کارگاه به اسم بتول که در همان نزدیکی‌ها اتاقی داشت، به حوّا گفته بود: «اگه بخوای می‌تونی بیای پیش من. صاحب خونه‌ام یه پیر مرد ساده ایه که با زنش طبقهٔ بالا می‌شینن. پایین یه اتاق بزرگه که با یک در از وسط نصف میشه. قبلاً یک دختر دانشجو پیشم بود که درسش تموم شد و رفت. من هم به صاحب خونه گفتم اگه آدم مطمئن پیدا کردم میارم. حالا اگه بخوای می‌تونی بیای.»

همان جمعه حوّا با صاحب خانه‌اش تسویه حساب کرد، بقیهٔ پول پیش را گرفت و با دقت چند بار شمرد، وسایلش را پشت وانتی ریخت و به خانهٔ بتول اسباب کشی کرد.

از در که وارد می‌شدی، روبرو، پِله طبقهٔ بالا بود. سمت راست، یک راهرو باریک و نیمه تاریک بود با دو در چوبی و کهنه که به اتاقی باز می‌شد. اتاق با در شیشه‌ای بزرگی از وسط به دو بخش تقسیم می‌شد. انتهای راهرو نرسیده به حیاط یک پستو بود که با پرده‌ای کهنه و چرب از راهرو جدا می‌شد. صاحب خانه شیرآبی از حیاط کشیده بود و یک ظرف شویی تویش گذاشته بود. بتول گازی سه شعله روی میز کوچکی گذاشته بود. دیگر جای تکان خوردن نبود. توالت گوشهٔ حیاط بود که با طبقه‌ی بالا مشترک بود. حمام هم دو کوچه بالاتر. بتول خانه نبود. بعد از سه بار زنگ زدن بالاخره زن صاحب خانه در را برایش باز کرد. لبخندی زد و چیزهایی به ترکی گفت که حوّا نفهمید. بعد آرام آرام از پله بالا رفت و حوّا را به حال خودش گذاشت.

بتول بخش انتهایی اتاق را که پنجره‌ای به کوچه داشت برایش خالی کرده بود. حوّا با احتیاط قرآن را بوسید و روی طاقچه گذاشت. آینه را هم کنار آن. چادر نمازش را دور کمر پیچید.

اتاق را حسابی جارو کرد و دستمال کشید. پنجره‌های کثیف و دوده زده را خوب برق انداخت. پنجره شیشهٔ مات داشت و میله‌های فلزی. حوّا خوشش آمد؛ این طوری احساس امنیت می‌کرد. به خودش گفت: «باید یه پارچهٔ خوش رنگ بخرم براش پرده بدوزم.» موکتش را کف اتاق پهن کرد. خوشحال بود که همهٔ اتاق را می‌پوشاند. یک تکه فرش ماشینی ۱ در ۱.۵ کهنه هم داشت که تابستان همان سال از سمساری نزدیک خانه خریده بود. خوب شسته و قایمش کرده بود که غلام نبیند. آن را هم وسط اتاق انداخت. رختخوابش را در یک رختخواب پیچ پیچید و بالای اتاق به دیوار تکیه داد. زیرآن هم یک پتوی ملافه شده انداخت. خیلی دلش می‌خواست یک پشتی فرش داشته باشد. به خودش گفت: «حالا دیدی پول جمع کردم و خریدم غلام که دیگه نیست از ترسش نتونم دو تکه اساس بخرم.» به یادش آمد که چطور همان ماه‌های اول که به تهران آمده بودند غلام اول حلقه عروسی و اللهِ‌ی که ننه‌اش سر عقد به گردنش انداخت، فروخته بود بعد هم چند تکه ظرفی که جهیزه‌اش بود. یاد غلام باز دلش را چرکین کرد. یخچال ۵ فوتش را خوب تمیز کرد و به زور کشاند گوشهٔ اتاق. برای آن که یک وقت موکت خیس نشود کارتنی زیرش گذاشت. چراغ علاءالدینش را خوب برق انداخت و وسط اتاق گذاشت. میز کوچکی را کنار رختخواب پیچ گذاشت و چرخ خیاطی را رویش گذاشت. اما برای گازش اگر چه دو شعله بیشتر نبود جایی پیدا نکرد. خوب در کارتن پیچید و با بقیهٔ خرت و پرت‌ها، گذاشت در انباری گوشهٔ حیاط.

نزدیک‌های غروب کار تمیزی اتاق و جابجایی وسایل تمام شد. نگاهی به اتاق انداخت. دلش غنج زد. احساس کرد از آن جا خوشش می‌آید. برای اولین بار بعد از مدت‌ها نفس راحتی

کشید.

چند تا گوجه فرنگی و سیب زمینی داشت برای شام استامبولی پلو درست کرد. دو تا تخم مرغ هم بود که فکر کرد کوکو درست کند برای ناهار فردایش. کمی هم سبزی خوردن بود. اما نان نداشت. محله را هنوز نمی‌شناخت. نمی‌دانست نانوایی کجاست. با خودش فکر کرد «حالا بتول همه جا رو نشونم میده یاد می گیرم».

هوا دیگر تاریک شده بود که بتول برگشت. از در که وارد شد نگاهی به اتاق حوّا کرد و گفت:

- به به! چه همه جا مرتبه! تو رو خدا ببخش نبودم که کمکت کنم.

- کمک لازم نداشتم. حالا دستاتو بشور تا شامو بیارم.

- شام هم پختی؟ آفرین!

بتول لباسش را عوض کرد، دست و رویش راشست، به اتاق آمد. از یخچالش ظرفی بیرون آورد و کنار سفره نشست.

- این سالاد الویه مال دیشبه. بکش.

- شام که هست.

- اول این سالاد رو بخوریم که نمونه. غذای تو رو می‌تونیم فردا ناهار بخوریم. صبر کن نون باگت بیارم. الویه با باگت خوشمزه ست.

حوّا در عمرش نه سالاد الویه خورده بود نه نان باگت دوست داشت. لقمه‌ای گرفت و به دهان گذاشت. خوشش آمد. به خودش گفت: «باید دستورشو بعداً ازش بپرسم» نگاهی به بتول انداخت و گفت:

- ختم رفته بودی؟

- نه، واسه چی؟

- آخه چشات سرخه و بدجوری پف کرده.

بتول همان طور که خودش را با غذا مشغول کرده بود گفت:

- هر بار که پسرمو می‌بینم همین طوری می‌شم.

- نمی دونستم بچه داری.

- آره یه پسر.

- خیلی وقته طلاق گرفتی؟

- نزدیک به دو ساله.

- نمی خواستی بچه‌ات رو بیاری پیش خودت؟

- من می‌خواستم اما دادگاه نداد.

- حالا چرا طلاق گرفتی؟ معتاد بود؟

- نه معتاد نبود... قضیه‌اش طولانیه... شوهرم رفته بود یه زنی صیغه کرده بود. خبر دار شدم. بهش گفتم «این چه کاریه که کردی» گفت: «مگه خلاف شرعه؟» فکر کردم حالا یه غلطی کرده سفت و سخت وایسم از کارش پشیمون می‌شه. گفتم «من نمی‌تونم این طوری زندگی کنم یا من یا اون.» شوهرم هم با پررویی گفت: «اون». بعدها فهمیدم که قبلاً با زنه همسایه بودن. شوهرم عاشقش بوده. اما وقتی میره خواستگاریش، خونواده دختره مخالفت می کنن. چند وقت بعد دختره رو شوهر میدن.

- چطور تو رو گرفت؟ فامیل بودین؟

- مادر شوهرم هم مازندرانی بود. عروسی دختر عمه‌ام بود با پسر خواهرش. منو دید و ازم خواستگاری کرد... ما هشت تا بچه بودیم. من بزرگ ترین شون. تازه کلاس دوم دبیرستان رو تموم کرده بودم. اون سال هم شاگرد اول کلاس شده بودم. می‌خواستم دیپلم بگیرم و برم دانشگاه. چند تا از دخترهای فامیل دانشگاه می‌رفتن. هر چه التماس کردم، هر چقدر گریه کردم، فایده نداشت. مادرم گفت: «من پول ندارم خرج تو بکنم. مگه بابای خدابیامرزت برام چی جا گذاشته؟» هر چه التماس

کردم که لااقل صبر کنه دیپلم بگیرم، قبول نکرد. می‌گفت: «طرف توی تهران وضعش خوبه. مغازه داره. خواستگار خوبیه. از دست میره». به زور شوهرم دادن.

- پس دوستش نداشتی؟

- خدایی‌اش شوهر خوبی بود؛ نه کتک می‌زد، نه خسیس بود. اخلاقش هم خوب بود. طبقهٔ بالای خونهٔ مادرش زندگی می‌کردیم. دو تا خواهر شوهراش اون موقع هنوز خونه بودن. با هم می‌رفتیم کلاس خیاطی. غروب‌ها که شوهرم از مغازه میومد، منو می‌برد بیرون؛ پارک، سینما. پسرم که به دنیا اومد، سرم حسابی با بچه داری و کارهای خونه گرم شد. هر سال عید با شوهرم می‌رفتیم شمال. تابستون‌ها هم خودم بچه رو برمی‌داشتم و یه ماه می‌رفتم خونهٔ مادرم. راستش وقتی دخترهای فامیل رو می‌دیدم که درسشون تمام شده و حالا برای خودشون معلم بودن و کار می‌کردن، دلم می‌سوخت. می‌خواستم وقتی بچه مدرسه بره، درسمو ادامه بدم. اون سال پسرم چهار سالش بود. توی شمال همه می‌گفتن سعید دیگه بزرگ شده باید یه بچه‌ی دیگه بیاری. از شمال که برگشتم به نظرم می‌رسید شوهرم خیلی ساکته. خونه که می‌اومد، یه گوشه می‌نشست و تلویزیون نگاه می‌کرد. حوصلهٔ بچه رو هم اصلاً نداشت. روزهای تعطیل خونه نمی‌موند می‌گفت: «باید برم مغازه». شب‌ها هم خیلی دیر برمی‌گشت. چیزی می‌خورد و می‌گرفت می‌خوابید. یه شب به شوخی گفتم: «شمال همه می‌گفتن دیگه وقتشه به فکر یه برادر یا خواهر باشیم واسه سعید.» شوهرم همون طور که پشتش به من بود، پتو رو روی سرش کشید و گفت: «همین یکی بسه.» تعجب کردم آخه شوهرم خیلی بچه دوست داشت. تا این که بالاخره فهمیدم قضیه از چه قراره...

اشک از چشمان بتول راه گرفت. با پشت دست گونه‌اش را پاک کرد و ادامه داد:

- نگو شوهر دختره توی یه تصادف می‌میره. شوهرم که خبردار میشه میره سراغش. چند ماهی با هم میرن و میان تا اینکه صیغه‌اش می‌کنه... هر کاری کردم نتونستم خودت رو راضی کنم که هوو بیاد سرم. بچه رو گذاشتم و رفتم شمال. شوهرم طلاق نامه رو فرستاد در خونه. مادرم خیلی ناراحت بود. تازه دلش خوش شده بود که سه تا از دخترها رو شوهر داده دست و بالش باز شده می‌خواست اون سال برای داداش بزرگم زن بگیره. هی راه می‌رفت و غر می‌زد. من هم صبح تا شب کارم شده بود گریه کردن. دلم برای پسرم یه ذره شده بود. مثل دیوونه‌ها شده بودم. یک روز ساکم رو برداشتم و برگشتم تهران. چند هفته‌ای خونهٔ یکی از آشناها بودم. هر روز می‌رفتم خونهٔ مادرشوهرم بچه رو می‌دیدم. بالاخره یک روز گفت: «دیگه نیا. وقتی میری بچه بهانه می‌گیره. حالا که رفتی بذار بچه به این وضع عادت کنه دو هواش نکن.» از اون به بعد می‌رفتم دور و بر خونه شاید سعید بیرون بیاد و از دور ببینمش. دیدم نمی‌شه خونه مردم موند. گشتم دنبال کار. تا توی تولیدی اصغر مشغول شدم و این خونه رو اجاره کردم. آروم آروم سرم به کار گرم شد و عادت کردم. شوهرم نمی‌ذاره سعید رو این جا بیارم به دادگاه گفته من شرایط مناسب ندارم که بچه رو شب نگه دارم. روزهای تعطیل چند ساعتی میارش بیرون می‌بینمش. وقتی هم که حوصله نداره یا برنامه‌ای داشته باشن می‌گه سعید مریضه یا درس داره.

بتول بغضش را قورت داد. اشک روی گونهٔ لاغرش غلتید:

- مامان به قربونش، امسال مدرسه میره. دیگه درس داره.

حوّا اشکش را پاک کرد. بعد از کمی مکث گفت:

- اون زنه بچه نداره؟
- نه انگار بچه‌اش نمیشه.
- خب پس لابد به بچه تو حسابی می‌رسه و دوستش داره.
بتول با بغض گفت:
- سعید مامان شهلا صداش می‌کنه...
اشکش را پاک کرد. در دستمال فین کرد و ادامه داد:
- خدایی‌اش به بچه خوب می‌رسه. البته سعید بیشتر وقتها پایینه. مادر شوهرم خیلی دوستش داره.
- خودت رو ناراحت نکن. خدا بزرگه.
بتول آهی کشید، سرش را بلند کرد و از ته دل گفت:
- خوش به حالت حوّا که بچه نداری. خوش به سعادتت.
حوّا سرش را پایین انداخت. با انگشت روی خواب فرش کشید و به فکر فرو رفت. در آن چند سال زندگی با غلام آنقدر بدبختی کشیده بود که دیگر جای بچه دار شدن نبود. خدایی بود که همان اوایل که به تهران آمده بود یک بار رفته بود درمانگاه. خانم دکتره که فهمیده بود شوهر حوّا معتاد است حسابی ترسانده بودش که بچه دار نشود. به او قرص ضدبارداری داده بود و گفته بود: «خودت بدبخت شدی نذار یه بچه هم بدبخت بشه. این قرص‌ها رو بگیر به شوهرت هم هیچی نگو» هر چند غلام از این نظر هم عرضه‌ای نداشت. خیلی شب‌ها که حوّا به طرفش می‌رفت خودش را به خواب می‌زد.
بتول نفس عمیقی کشید، موهایش را پشت سر جمع کرد و گفت: «ببخش تو رو به خدا! ناراحتت کردم. تو خودت غم و غصه‌ات از من کمتر نیست. خب دیگه روضه خونی و گریه بسه. من الان یه چای درست می‌کنم که خستگی‌ات دربره. وقتی می‌اومدم کمی شیرینی گرفتم. الان میوه هم می‌شورم و می‌شینیم با هم می‌خوریم. کلی درس دارم که باید بخونم.»

کتری روی چراغ جوش آمده بود. بتول مقداری چای در قوری ریخت و قوری را روی کتری گذاشت. ظرف‌های شام را به آشپزخانه برد. حوّا به دور و بر اتاق بتول نگاه کرد. بالای اتاق پشت به دری که قسمت حوّا را جدا می‌کرد، تخت یک نفره‌ای بود که روتختی سبز رنگی داشت. کنار آن کتاب‌های بتول پشت به دیوار ردیف شده بود. روبروی تخت، کنار پنجره تلویزیون کوچکی روی میزی شیشه‌ای قرار داشت. یخچالی ۷ فوت پایین اتاق بود. روی سربخاری چند تا عکس قاب گرفته در دو طرف قرآن بود. حوّا فهمید عکس سعید است.

بتول با یک ظرف میوه و سینی که دو تا استکان بزرگ در آن بود وارد شد. کنار چراغ نشست و دو تا چای ریخت. از روی یخچال جعبه‌ی کوچک شیرینی را برداشت و باز کرد و جلوی حوّا گذاشت.

حوّا تشکر کرد و پرسید:

- مگه تو مدرسه می‌ری؟

- پارسال خودم توی خونه می‌خوندم آخر سال رفتم امتحان دادم. اما امسال جمعه‌ها کلاس میرم. آخه هم امتحان دیپلم دارم هم کنکور دانشگاه. دانشگاه رو خیلی مطمئن نیستم اما حتماً باید دیپلمم رو بگیرم.

- حالا چرا حتماً؟

- چون دیپلم که داشته باشم می‌تونم برم توی یه شرکتی بشم منشی. هم کارش آسون تره هم حقوقش بهتره. راستی این تخت، جلوی راهتو نمی‌گیره؟ اگه بخوای جابه جاش می‌کنم.

- نه خوبه کاری بهش ندارم.

- خودت همهٔ وسایل رو جا به جا کردی؟

- وسیلهٔ زیادی نداشتم. فقط برای گاز جا پیدا نکردم، گذاشتم توی انباری.

- ولش کن از گاز من استفاده کن. من زیاد اهل آشپزی نیستم. یه چیزی می‌پزم واسهٔ دو سه روزم کافیه. ببین من شب‌ها دیر می‌خوابم. می‌بینی برای این در پرده دوختم. شب می‌کشم که نور اتاق اذیتت نکنه. وقتی هوا گرم بشه می‌تونی لای اون پنجره رو شبها اگه خواستی باز بذاری. روز این در همیشه بازه.

۳

چند ماهی از کار کردن حوّا در تولیدی اصغر که همه او را اصغر سیاه صدا می‌کردند، می‌گذشت. دیگر حسابی راه افتاده بود و به کمک فاطمه و بتول احتیاجی نداشت. کارش را خوب بلد بود. دقیق بود و مرتب. کافی بود اصغر چیزی را یک بار به او بگوید. حوّا به ذهن می‌سپرد. این اواخر اصغر دستمزدش را زیاد کرده بود و حالا مثل بقیه می‌گرفت. کسی تعجب نمی‌کرد. حوّا کارش عیب و ایرادی نداشت. اما در نگاه اصغر سیاه چیزی بود که دل حوّا را خالی می‌کرد. وقتی به دفترش می‌رفت و دو تایی تنها بودند، اصغر مثل گرگ گرسنه به او خیره می‌شد. حوّا هول برش می‌داشت اما به روی خودش نمی‌آورد.

حوّا از زندگی جدیدش راضی بود. چند بار خواسته بود به ملاقات غلام برود. اما هر بار وحشت داشت که کسی از فامیل را آنجا ببیند و پدر و برادرها از جایش خبردار شوند. وقتی به پدر و برادرهایش فکر می‌کرد، بدنش خیس عرق می‌شد. اگر خبردار می‌شدند که گوشهٔ تهران تک و تنها زندگی می‌کند

خونش را می‌ریختند. حوّا نمی‌خواست به گذشته فکر کند. آن چند سال زجر کشیدن و بلاهایی که غلام به سرش آورده بود بسش بود. نمی‌خواست حالا شاهد جنگ و خون و خونریزی در بندر باشد. می‌خواست روی پای خودش بایستد و زندگی تازه‌ای را شروع کند. به فاطمه گفته بود به کسی نگوید که با هم کار می‌کنند. خودش هم وقتی از خانه قبلی می‌رفت به همه گفت که دارد برمی‌گردد بندر پیش خانواده‌اش.

آن روز بتول از صبح رنگ توی صورتش نبود. پشت چرخ هم که نشسته بود هی نفس عمیق می‌کشید. حوّا گفت: «از بس که شب‌ها می‌شینی به درس خوندن، خوب نمی‌خوابی.» نزدیکی‌های ظهر بود که بتول از سر چرخ بلند شد. به وسط اتاق که رسید افتاد زمین. حوّا به طرفش دوید سرش را بلند کرد به کنار صورتش زد. بتول بی‌هوش افتاده بود. زن‌ها هول شدند. فاطمه گفت: «باید برسونیمش بیمارستان.» یکی از زن‌ها رفت ماشین بگیرد. حوّا و فاطمه از پشت زیر بغلش را گرفتند. دو تا از کارگرها هم پاهایش را و آرام از پله‌های تولیدی پایین بردند. ناصر سریع در عقب تاکسی‌اش را باز کرد و کمک کرد بتول را بخوابانند. حوّا هم سوار شد و سر بتول را روی پایش گذاشت. ناصر به سرعت ماشین را روشن کرد و گفت:

- کدوم بیمارستان بریم؟
- والله چی بگم، توی سعدی انگار یه بیمارستان هست.
- بریم نجمیه. فکر کنم زن‌ها رو بیشتر می‌برن اون جا.

ناصر سال‌ها بود که روی تاکسی حاج ماشاالله کار می‌کرد. قد بلند و چهارشانه بود. با چشم‌های عسلی و موهای قهوه‌ای روشن. خوش خنده و خوش مشرب بود. همه آن دور وبر ناصر خوش تیپ صدایش می‌زدند. خیلی دنبال کار نمی‌دوید. حوصله نداشت دور شهر بچرخد و برای ۱۰۰ تومن هی مسافر

سوار و پیاده کند. می‌گفت: «مسافر باید تمیز باشه». سال‌ها بود که دور و بر کوچه برلن منتظر مشتری می‌ماند. بعضی اوقات از تولیدی‌های آن اطراف برای مغازه‌ها، سفارش می‌برد. اما بیشتر مسافرهایش کسانی بودند که برای گرفتن ویزا از سفارت آلمان به مرکز شهر می‌آمدند.

در اورژانس بیمارستان بتول را روی تختی خواباندند. چند تا آمپول به او تزریق و یک سرم به دستش وصل کردند و گفتند باید کمی استراحت کند و بعد برای انجام چند آزمایش به بخش برود.

ناصر به حوّا گفت:

- شماره تیلیفونی از خونواده‌اش داری زنگ بزنیم بیان؟

- بنده خدا کسی رو نداره. من پیشش می‌مونم. شما بفرمایین. کرایه تون چقدر میشه؟

- حرفشو نزن آبجی. می‌شینم تا به هوش بیاد.

ناصر رفت و با دو پاکت آب میوه برگشت یکی را به حوّا داد و دو صندلی آن طرفتر نشست.

حوّا تشکر کرد. دلش از گرسنگی غش می‌رفت. نی را روی پاکت آب میوه فشار داد اما نی سر می‌خورد و داخل پاکت نمی‌رفت.

ناصر دوستانه گفت: «بدمصبا معلوم نیست اینا رو چطوری بسته بندی می‌کنن. بده من آبجی، خودت رو اذیت نکن. اون طوری فایده نداره»

ناصر پاکت آبمیوه را گرفت سر و ته کرد و نی را در جدار آن فرو کرد.

حوّا لبخند زد. تشکر کرد و آب میوه را گرفت. نی را مکید. شیرینی آب میوه به دلش نشست.

- پس شما واسه اصغر سیاه کار می‌کنین؟

حوّا از این اسم لبخند کم رنگی زد و زیر لب گفت:

- بله، توی تولیدی اصغرآقا هستیم.

ناصر هم لبخند زد و گفت:

- همه توی محل به اسم اصغر سیاه می‌شناسنش. خیلی وقته واسه‌اش کار می کنی؟

- چند ماهی میشه.

- هر روز باس بیاین سر کار دیگه؟

- آره، از ۸ صبح تا ۵ بعد از ظهر.

ناصر آهی کشید و گفت:

- والله سخته... معلوم میشه خوش غیرتی آبجی.

حوّا از زیر چشم ناصر را پایید. نگاه آرام و مهربانی داشت. لحنش خودمانی و دوستانه بود. به نظرش ناصر مرد با غیرتی آمد که این چنین به دادش رسیده بود و حالا هم تنهایش نمی‌گذاشت. دلش خواست با او بیشتر حرف بزنند. گفت:

- خب کاری‌اش نمیشه کرد. باید یه جوری زندگی مون بچرخه دیگه.

- فضولی نباشه آبجی، اما زندگی رو مرد باس بچرخونه. پدری، برادری، سایهٔ سری؟

- سایهٔ سرم معتاده، افتاده گوشهٔ زندون.

ناصر آهی کشید و برای اولین بار با چشمانی غمگین خوب به حوّا نگاه کرد.

دیگر هوا داشت تاریک می‌شد که ناصر نگه داشت. پایین آمد در تاکسی را باز کرد تا بتول به کمک حوّا پیاده شود. دکترها گفته بودند بتول دچار کم خونی شدید است. نتیجه اسکن و بقیهٔ آزمایش‌ها همه خوب بود. اما گفته بودند سوء تغذیه دارد باید در خانه استراحت کند و به غذایش برسد. ناصر در را پشت حوّا بست و گفت: «کاری ندارین؟ با اجازه ما رفتیم.

خـدا شـفات بـده آبجـی، یـا علـی.»

سوار شد و گاز داد.

حـوّا بـا چشـم بدرقـه‌اش کـرد و همیـن طـور کـه دسـت در کیـف دنبـال کلیـد خانـه می‌گشـت گفـت: «خـدا خیـرش بـده چـه آدم خوبـی بـود!»

فـردای آن روز وقتـی حـوّا می‌خواسـت از پلـهٔ تولیـدی بـالا بـرود صـدای مـردی را از پشـت شـنید کـه گفـت: «سـام علیـک آبجـی.»

ناصر بود.

- سلام از ماست. چه کار می‌کنین با زحمتای ما؟

- اختیار داری، آبجی. حال رفیقت که خوبه الحمدالله.

- خدا رو شکر. بهتره. امروز مونده خونه.

از آن بـه بعـد حـوّا بیش‌تـر اوقـات ناصـر را صبح‌هـا زمـان رفتـن بـه تولیـدی یـا آخـر روز وقتـی از سـرکار برمی‌گشـت کنـار تاکسـی‌اش می‌دیـد. از سـر آشـنایی سـلام علیکـی می‌کـرد و رد می‌شـد.

۴

بعد از ظهر پنج شنبه بود. حوّا حقوقش را گرفته بود. به بتول گفت :

- میای امروز بریم ولیعصر؟

- کاری داری؟

- یه کم بگردیم دلمون واشه، شاید حراجی باشه یه چیزی هم بخریم.

چند روز پیش زهرا یکی از کارگرهای خیاط خانه از ولی عصر یک بلوز یکی قشنگ خریده بود. گفته بود از حراجی خریدم. بلوز چشم حوّا را گرفته بود.

بتول گفت: «حوّا جون خودت که می‌دونی من حوصلهٔ خرید ندارم، کلی هم درس دارم واسه کلاس فردا.»

حوّا از این که تنها جایی برود خیلی خوشش نمی‌آمد. خانهٔ قبلی که بود گاهی اوقات با زری خواهر همین فاطمه دوتایی می‌رفتند خرید. اما حسرت به دلش مانده بود که یکبار غلام مثل این مردم دست زنش را بگیرد و بیرون ببرد. حوّا وقتی زن و شوهرهای جوان را می‌دید که توی ساندویچ فروشی‌ها پشت

میز نشسته‌اند، ساندویچ گاز می‌زنند و با نی نوشابه می‌خورند، گل می‌گویند و گل می‌شنوند، حسرت می‌خورد. چند بار به غلام گفته بود:

- می‌گم چطوره چای درست کنم یه کمی تخمه بگیریم بریم توی پارک بشینیم.

غلام پرسیده بود:

- برای چی؟

- خب مثل این مردم که دلمون واشه.

اما غلام گوشهٔ اتاق را می‌گرفت و چرت می‌زد.

حوّا جواب بتول را که شنید با خودش گفت: «می رم و زود برمی‌گردد». آدرس مغازه بلوز فروشی را از زهرا گرفت و تولیدی که تعطیل شد، به راه افتاد. تا سر فردوسی پیاده رفت. چند تا تاکسی پر از مسافر رد شد. یک تاکسی خالی از دور می‌آمد. حوّا داد زد: «پل کریم خان». تاکسی رفت. ولی بالاتر نگه داشت و عقب عقب برگشت. حوّا سوار شد. راننده گفت:

- سام علیک آبجی.

حوّا در را بست و به راننده نگاه کرد. ناصر بود. جواب سلامش را داد.

- ببخشین نشناختم.

- خدا ببخشه.

حوّا از اینکه سوار تاکسی ناصر شده بود، خجالت می‌کشید. دلش می‌خواست پیاده شود و دوباره تاکسی بگیرد. به خودش غر زد: «باید با اتوبوس می‌رفتم.» برای آنکه سریع‌تر برود و تا شب نشده به خانه برگردد، تاکسی گرفته بود و الا هیچ وقت پولش را دور نمی‌ریخت که کرایه تاکسی بدهد.

- بعد از پل مسیرت کجاست، آبجی؟

- زحمت نمی‌دم همون جا پیاده می‌شم.

- حالا بگو اگه مسیرم بود می‌رسونمت.
- والله دارم میرم میدون ولیعصر.

روزهای پنج شنبه که طرح ترافیک نبود. خیابان‌های مرکز تهران پر از ماشین می‌شد. از سر منوچهری به بالا ترافیک سنگین بود. ناصر انداخت توی چرچیل. اما زیر پل حافظ هم غلغله بود.

حوّا از پنجره بیرون را نگاه می‌کرد. ناصر گفت:

- رفیقت حالش بهتره که الحمدلله؟
- خدا رو شکر، بهتره. بیچاره هم کار می‌کنه هم درس می‌خونه. خودش رو سرگرم می‌کنه که از فکر بچه‌اش بیرون بیاد.
- مگه بچه‌اش هم مریضه؟
- نه، شوهرش سرش زن گرفته. اینو طلاقش داده بچه‌اش هم ازش گرفته.

ناصر با دلسوزی گفت: ای نامرد!

ناصر که به ترافیک خورده بود، مثل بقیهٔ راننده تاکسی‌های تهران مرتب به چپ و راست می‌پیچید و با مهارت از لابلای ماشین‌های دیگر راه پیدا می‌کرد و به جلو می‌رفت. بعد از چند بار سبقت گرفتن و بوق ممتد و فحش به موتورسوارهایی که با سرعت از کنارش رد می‌شدند و آینه‌هایش را کج می‌کردند، به یاد صحبتش با حوّا افتاد و گفت:

- نمی‌دونم والله... اون که نشسته اون بالا چطوری سرنوشت آدما رو می‌نویسه؟ یکی مثل زن من، یکی مثل این بیچاره... راستش آبجی خیلی دلم پره. به حرضت عباس بعضی وقتا کم میارم.
- خدا بزرگه. آدم باید امیدش به خدا باشه، خودش درست می‌کنه... حالا... زن شما... لابد دردی داره؟

- واللـه زنمـون بـود. شـکر خـدا دیگـه نیسـت. یعنـی راسـتی اتـش خیلـی خاطرشـو می‌خواسـتم، خیلـی هـم اذیـت شـدم تـا دادنـش. نمـی‌دادن. مـا کـه، دروغ چـرا، آه در بسـاط نداشـتیم. ننـه مـون می‌گفـت واسـه‌ات لقمهٔ بزرگیـه، بپـا خفـه‌ات نکنـه. امـا خـب، گلومـون پیشـش گیـر کـرده بـود... پـدر عاشـقی بسـوزه کـه پـدرم رو درآورد... اون قـدر اذیتمـون کـرد کـه خـدا بدونـه! بـه هـر سـازی کـه زد رقصیدیـم امـا بالاخـره هـم بـا مـا راه نیومـد کـه نیومـد. رفـت خونـهٔ بابـاش. هـر چـه پیغـوم پسـغوم فرسـتادم، خواهـره رو فرسـتادم، ننـهٔ پیرمـو فرسـتادم، هـر چـه خـودم رفتـم فایـده نکـرد. حیا رو بوسـید و گذاشـت کنار؛ رفـت دادگاه از دسـتمون شـاکی شـد... یعنـی راسـتی یتـش کار ننـه و خواهـرش بـود کـه زیـر پـاش می‌شِسـتن و الا خـودش کـه سـنی نداشـت. ننـه‌اش هـی پُـرش می‌کـرد... خلاصـه آبجـی سـرتو درد نیـارم گفـت مهرمـو می‌خـوام. گفتـم نـدارم. یعنـی وقتـی می‌خواسـتم بگیرمـش خیلـی ایـراد گرفتـن؛ گفتـن: «بـاس طـلا الا بخـری و لبـاس فـراوون»، گفتـم: «چشـم». گفتـن: «جشـن خـوب بایـد بگیـری، مـا آبـرو داریـم». واسـه‌اش گرفتـم، خونـهٔ درسـت حسـابی خواسـت، واسـه‌اش گرفتـم. خداییـش اون هـم جهـاز خوبـی آورد. ولـی مـا هـم کوتاهـی نکردیـم. هـر چـه درمیاوردیـم دو دسـتی میدادیـن بـه ایـن زنـه امـا بـاز هـم سـرکوفتمون مـی‌زد. هـی شـوهر ایـن و اونـو بـه رخمـون می‌کشـید. از صبـح تـا شـوم روی ایـن صندلـی عـرق می‌ریختیـم بـاز هـم کلـی شـاکی بـود. حـالا مهـراش رو از کجـا بایـد میـدادم؟

ناصر آهی کشید و بعد از مکث کوتاهی گفت:

- خـدا نکنـه آدم گیـر ایـن جـور خونواده‌هـا بیفتـه، بچـه کـه بودیـم بابـاش تـوی خیابـون خودمـون یـه دکـه فسـقلی داشـت، پفـک مفـک می‌فروخـت! نمی‌دونـم چـی شـد کـه تـوی جنـگ وضعـش گرفـت و مغـازه‌ای بـه هـم زد و هنـوز چنـد سـال نگذشـته بـود شـد حاجـی.

ما که نفهمیدیم... گناه مردمم نمی‌خوایم بشوریم اما خدا کنه حلال بوده باشه. ما که بخیل نیستیم...

توی ولیعصر از سر انقلاب به بالا راه بندان بود. ناصر به چپ پیچید .

- پس بالاخره طلاقش دادین؟

- راستش آبجی ننه‌اش طلاقشو به زورگرفت. باباهه خدایی‌اش کاره‌ای نبود. هر وقت می‌رفتم پیشش، سرش رو پایین می‌انداخت، تسبیحش رو می گردوند و می گفت: «والله من چی بگم. ناصر خان، شرمنده تم. زنته. حق داری هر چی بگی. باس سرش رو بندازه پایین و زندگی شو بکنه. اما من نمی‌تونم چیزی بهش بگم. اختیار این دختر دست ننشه». آخه این هم شد حرف؟ آدم که اختیار زن و بچه‌اش رو نداشته باشه، باس بره دور از جون شما، سرشو بذاره بمیره. نامرد! من که صد سال طلاق نمی‌دادم. آدم زن نمی گیره که طلاقش بده و آبروی خودشو ببره... با همهٔ بداخلاقی‌هاش باز هم خاطرشو می‌خواستم. اما ننه‌اش نشسته بود زیر پاش بره مهریه‌اش رو بذاره اجراء. من هم که پول نداشتم، اینه که افتادم گوشهٔ زندون... یه مدت نشستم اون تو دیدم فایده نداره. خواهره رو فرستادم بره رضایت بگیره. اومد گفت می گه: «به شرطی رضایت میدم که طلاقم بده»... ما هم راستش دیدیم با زنی که پاش باز بشه دادگاه و طلاق بخواد دیگه نمی‌تونیم زیر یه سقف زندگی کنیم. گفتم «باشه قبول»... دادگاه هم مهرشو قسطی کرد...

ناصر آهی کشید. دنده عوض کرد. ماشین کمی سرعت گرفت. اما ترافیک سنگین بود. پایش را روی ترمز گذاشت و ماشین را از دنده خلاص کرد. از آینه به حوّا نگاهی انداخت وادامه داد: هنوز یک سال نگذشته بود که ننه‌اش دادش به پسر کج و کولهٔ یه حاجی. آدم رغبت نمی کنه به پسره نگاه کنه.

مثل موش مرده‌ای می‌مونه که از خلا بیرون بکشی. دماغشو بگیری جونش در میاد. نسناس قدش از زن ما کوتاه تره... اما خب باباش حاجیه...

ناصر آهی کشید از پنجره سمت چپ به بیرون مات شد: «ایشالله با هم خوش باشن ما که بخیل نیستیم... خدای ما هم بزرگه...»

ماشین جلویی به اندازهٔ سه چهار متر جلو رفت ناصر حواسش نبود. کسی بوق ممتدی زد. ناصر از آینه به عقب نگاه کرد و دستش را به علامت اعتراض در هوا چرخاند و برای آن که با او لج کند از جایش تکان نخورد. ماشین عقبی از سمت راست راهی پیدا کرد با سرعت از کنار ناصر رد شد و با عصبانیت در جواب حرکت ناصر دستش را روی بوق داشت. می‌خواست از او سبقت بگیرد و جای خالی را پر کند. ناصر به او راه نداد. راننده که نزدیک بود با ناصر تصادف کند سریع ترمز گرفت. صدای بوق راننده‌های پشت در هم بپیچید. ناصر که دید ماشین‌های دیگر با بوق زدن به راننده اعتراض می‌کنند دیگر به او توجهی نکرد.

در این چند ماه که حوّا در کارگاه کار می‌کرد فقط از بدی مردها شنیده بود. کارگرها از شوهر و برادر و پدرشان گله می‌کردند. مگر خودش کم از دست غلام کشیده بود؟ مگر امید داشت که پدر و برادرها زیر بالش را بگیرند؟ هیچ وقت فکرش را هم نمی‌کرد که مرد بدبخت هم در این دنیا پیدا شود، یا زن بدی هم باشد که بتواند مردش را اذیت کند. اما حالا برای اولین بار در عمرش به مردی حق می‌داد.

حوّا دلسوز بود، خون گرم و صمیمی مثل همهٔ جنوبی‌ها. دلش برای ناصر سوخت، خواست چیزی بگوید که او غمش را فراموش کند. به خودش که آمد داشت زندگی‌اش را تعریف

می‌کرد. ناصر تا سر فاطمی رفته بود و حالا نمی‌توانست به پایین بپیچد. ولی عصر را بالا رفت و دل به داستان حوّا سپرد که از بندر می‌گفت، از خانواده‌اش، از غلام، از آمدنش به تهران، از به زندان افتادن او.

ناصر حواسش به خیابان بود. گه گاهی از آینه به حوّا چشم می‌دوخت. حوّا شرمش نمی‌آمد از زندگی‌اش بگوید، باکش نبود از بدبختی‌هایش تعریف کند. غرق تعریف قصه زندگی‌اش بود. حرف زدنش می‌آمد. انگار با تعریف کردن، می‌خواست همه چیز را فراموش کند. خیلی حواسش به ناصر نبود. انگار داستان زندگی‌اش را برای تاریکی خیابان تعریف می‌کرد که از پشت شیشه بخار کرده تاکسی رد می‌شد و قصهٔ تلخ زندگی حوّا را با خود می‌برد. گه گاهی ناصر چیزی می‌پرسید، حوّا توضیح می‌داد و دوباره ادامه می‌داد.

ناصر غرق در داستان و صدای غمگین حوّا با آن لهجهٔ شیرینش بود که خودش را در تجریش دید. گوشه‌ی جنوبی میدان نگه داشت. به عقب برگشت و گفت:

- آبجی امشب هم تو دل پری داشتی، هم من. ما که حالمون بهتر شد. اما باس ببخشی. الان سر و ته می‌کنم. می‌برمت میدون ولی عصر.

حوّا لبخندی زد و گفت:

- نه دیگه دیره. من باید برم خونه.

ناصر که به بیرون نگاه می‌کرد بعد از مکثی گفت:

- پس با اجازه من از اون جیگری یه دو سیخ بگیرم. راستی‌یتش هنوز ناهار نخوردم.

حوّا گفت:

- ها، بفرما بگیر.

- پس همین جا بشین من الان برمی‌گردم.

ناصر رفت و با دو کیسه فریزر برگشت. یکی از آن‌ها را به حوّا داد و گفت:

- بفرما، آبجی. نمک نداره.

حوّا کیسه را گرفت. داغ بود. با کمرویی تشکر کرد. ناصر لقمهٔ بزرگی به دهان گذاشت و ضمن جویدن گفت:

- بسم الله تا از دهن نیفتاده بزن آبجی، جیگر رو باید داغ خورد.

بوی جگر پخته در تاکسی پیچید. حوّا تکه‌ای نان لواش به دهان گذاشت. احساس خوبی داشت؛ مثل خوابیدن بعد از یک روز سخت و خسته کننده، مثل رفتن زیر آب گرم بعد از سرمای طولانی. دلش از گرسنگی غش می‌رفت اما چیزی راه گلویش را گرفته بود. ولی غصه نبود؛ یک چیز خوب بود، مثل خوشحالی، مثل ذوق.

حوّا یکبار هم غصهٔ زندگی‌اش را برای بتول تعریف کرده بود اما تعریف برای ناصر چیز دیگری بود؛ خیلی آرامش کرده بود. ناصر غذایش را خورد. پشت دستش را به سبیل کشید، سریع ماشین را روشن کرد و گفت: «پس تا دیر نشده من سریع برسونمت خونه. الان از اتوبان میرم نیم ساعته میرسی. غمت نباشه.»

۵

حوّا با بتول رفته بود آرایشگاه بند انداخته بود. در این چند ماه صورتش حسابی پر از مو شده بود. بتول کم مو بود و پوست سفیدی داشت. دیر به دیر بند می‌نداخت. حوّا آرایشگاه آن محله را نمی‌شناخت. منتظر مانده بود تا با بتول برود. ابروهایش را هم کمی روشن کرده بود. خودش را که در آینه دید دلش غنج رفت. بتول گفت: «ماشاالله چه خوشگل شدی.» چشمان حوّا از خوشحالی برق زد. از کوچه برلن کمی لوازم آرایش خریده بود. مداد که به چشمش می‌کشید خودش کیف می‌کرد. اما سر کار فقط همان خط چشم را می‌کشید نه بیشتر. از نگاه اصغر خوشش نمی‌آمد. وقتی اصغر سیاه می‌آمد روی سرش یا می‌گفت به دفترش برود، حوّا مقنعه‌اش را بیشتر جلو می‌کشید. اخم می‌کرد و سعی می‌کرد چشمش به چشم اصغر نیفتد.

ناصر عوض شده بود. همین طور که دنده عوض می‌کرد و گاز می‌داد، پول می‌گرفت و بقیه پول را می‌داد، سرچهارراه منتظر سبز شدن چراغ می‌شد، موقعی که ماهی تابه را روی

گاز می‌گذاشت و نیمرو یا املت درست می‌کرد... تصویر حوّا جلوی چشمش بود. بارها قصه زندگی‌اش را به یاد آورده بود. آن شب را نمی‌توانست فراموش کند. به خودش می‌گفت: «بنده خدا توی این شهر خراب شده بدجوری گیر کرده. باس هواشو داشته باشی، داش ناصر.» اما فقط دلسوزی نبود؛ تصویر حوّا با آن چشمان درشت و سیاه، آن نگاه آتشین، آن لب‌های قلوه ای، آن پوست آفتاب خورده از صبح جلوی چشمش بود. ناصر قبل از ساعت ۸ نزدیکی‌های تولیدی پارک می‌کرد و پشت فرمان می‌نشست حوّا که وارد تولیدی می‌شد گاز می‌داد و می‌رفت. نزدیک ساعت ۵ که می‌شد می‌دید روبروی تولیدی پشت فرمان نشسته. دل دل می‌کرد جلو برود و حرف دلش را بزند اما می‌ترسید حوّا تحویلش نگیرد. می‌ترسید اشتباه متوجه شود. می‌ترسید فکر کند او نامرد است و می‌خواهد از تنهایی‌اش سوء استفاده کند.

حوّا از همان روزهای اول متوجه شده بود که ناصر توی تاکسی می‌نشیند. صدایی در درونش می‌گفت که ناصر از او خوشش آمده است و هر روز به خاطر دیدن او اطراف تولیدی می‌پلکد. از پله‌های تولیدی به سرعت بالا می‌رفت طوری که کسی نفهمد از پنجره سرک می‌کشید می‌دید ناصر گاز می‌دهد و می‌رود.

چند هفته که گذشت حوّا مطمئن شد که ناصر برای دیدن او می‌ایستد. قند توی دلش آب می‌شد. حالا هر روز به این امید که ناصر باز در تاکسی منتظرش باشد از خانه راه می‌افتاد، به تولیدی که نزدیک می‌شد، قلبش به سینه می‌کوبید، به نفس نفس می‌افتاد به خودش می‌گفت: «یعنی امروز هم اومده؟» و وقتی تاکسی ناصر را از دور می‌دید دلش می‌لرزید. پاهایش سست می‌شد. لبانش می‌سوخت.

نزدیک‌های ساعت ۵ حوّا آرام طوری که کسی متوجه نشود بیرون را می‌پایید. ناصر می‌آمد و آن نزدیکی‌ها پارک می‌کرد. دلش می‌لرزید. خستگی کار از تنش در می‌آمد. اما به روی خودش نمی‌آورد.

حوّا خدا خدا می‌کرد ناصر جلو بیاید و چیزی بگوید، دوباره سوارش کند. دلش برای شنیدن صدایش پر می‌زد. اما ناصر توی تاکسی می‌نشست و دلش را خوش می‌کرد به آمد و رفت حوّا. حتی پیاده هم نمی‌شد و مثل قبل سلام علیک نمی‌کرد.

آن روز حوّا آخر از همه از در تولیدی بیرون آمد. کمی این پا و آن پا کرد اما مثل هر روز به سمت راست نرفت تا وارد جمهوری شود و اتوبوس سوار شود. از خیابان رد شد و به طرف پایین لاله زار به راه رفت. به تاکسی ناصر که نزدیک شد پا سست کرد، مستقیم به چشمان ناصر نگاه کرد و لبخند زد. کمی جلوتر پشت ویترین یک طلا فروشی ایستاد و آرام سرش را به راست برگرداند. ناصر هنوز داخل تاکسی نشسته بود. حوّا کمی معطل کرد. بعد قدم زنان رفت پشت ویترین لباس فروشی که ناصر رو به رویش پارک کرده بود. خودش را مشغول تماشای لباس‌ها نشان داد. قلبش تاپ تاپ به سینه می‌کوبید. صدای باز شدن در تاکسی و بعد صدای ناصر به گوشش رسید: «سلام حوّا خانم».

حوّا به خود لرزید. لبخندش را خورد و همانطور که چشمش به ویترین بود، سرش را کمی کج کرد و زیر لب گفت: «این جا نمیشه حرف زد.»

ناصر با صدای خفه که از هیجان می‌لرزید، گفت: «برو طرف میدون بهارستان من میام سوارت می‌کنم.»

ناصر سوار تاکسی شد. حوّا چند لحظه‌ای پشت ویترین ایستاد و بعد مثل روزهای دیگر، به آرامی به طرف جمهوری به راه

افتاد. باغ سپه سالار را رد کرده بود که ناصر کمی جلوتر نگه داشت حوّا به سرعت روی صندلی جلو نشست. ناصر پایش را روی گاز گذاشت.

۶

پلک‌هایش را که باز کرد، چشمش افتاد به پردهٔ نو پنجره که همان دیشب آویزان کرده بود. احساس شادی زیر پوستش دوید. اتاق بوی تمیزی می‌داد بوی عید. دیروز همه جا را خوب جارو زده بود و دستمال کشیده بود. حتی پنجرهٔ رو به حیاط را که جزء اتاق بتول بود، خوب برق انداخته بود. بدش نمی‌آمد اتاق بتول را هم بیرون بریزد، بشورد و بسابد. اما فکر کرد شاید خوشش نیاید. بتول ۲۷ اسفند آخر وقت رفته بود شمال و گفته بود: «تا بعد از سیزده برنمی گردم. مرخصی گرفتم بشینم واسه امتحان درس بخونم».

حوّا از جا بلند شد و چراغ علاءالدینش را روشن کرد. از وقتی سر کار می‌رفت، روزهای تعطیل برایش معنی پیدا کرده بود. دیر از خواب بیدار می‌شد، به خانه زندگی می‌رسید، غذای خوب درست می کرد. ولی این اواخر دلیل اصلی ناصر بود. جمعه‌ها با شوق از خواب بیدار می‌شد. صبحانه می‌خورد و خودش را با تمیزی خانه و شستن سرگرم می کرد. خوشحال بود که بتول روزهای جمعه از ۱۰ صبح کلاس داشت و بعد از ظهر

هم برای دیدن پسرش می‌رفت. تا بتول از خانه بیرون می‌رفت، حوّا لباسش را عوض می‌کرد روسری خوشرنگی می‌پوشید. آرایش می‌کرد، عطر می‌زد و از خانه می‌زد بیرون. ناصر هیچ وقت توی کوچه نمی‌آمد. سر خیابان اصلی نزدیک کوچه منتظرمی ماند. حوّا که می‌پیچید توی خیابان، جلو می‌آمد و سوارش می‌کرد. با هم می‌رفتند جاهای دور از خانهٔ حوّا که کسی آنها را با هم نبیند. می‌رفتند دربند، فرحزاد. چای می‌خوردند، ناصر قلیان می‌کشید. بعد، ناهار می‌خوردند و تا شش نشده ناصر او را برمی‌گرداند خانه.

رختخوابش را جمع کرد و در رویه تختی نویی که تازه خریده بود خوب پیچید و به دیوار تکیه داد. رنگ رویه تختی و پرده خیلی به هم می‌آمد. حوّا لبخند زد. تلویزیون بتول را روشن کرد. تا تحویل سال یک ساعتی مانده بود. چرخ خیاطی را از روی میزش برداشت وگذاشت زیر تخت بتول. روی میز را دستمال کشید. از پارچهٔ پرده اضافه مانده بود حوّا برای میز رویه چیندار درست کرده بود. رویش انداخت. آینه را از جلوی پنجره پایین آورد وسط میز به دیوار تکیه داد. قرآن را بوسید و جلوی آینه گذاشت و دو تا شمع را دو طرف آینه. تنگ ماهی را با دو تا ماهی قرمز سمت چپ میز و بشقاب کوچک سبز را سمت راست گذاشت. همان دیشب روبان قرمز دورش بسته بود. می‌خواست دو تا بشقاب سبز بگذارد اما میز کوچک بود و جای بقیهٔ هفت سین نمی‌شد. بشقاب دوم را برای بتول گذاشت جلوی پنجرهٔ اتاقش. بتول سبزه نریخته بود به حوّا گفته بود: «تو چه حوصله‌ای داری.» حوّا با تعجب نگاهش کرده بود و گفته بود: «مگه میشه برای عید سبز نریخت؟ شگون نداره!» بتول سرش را از روی کتاب بلند کرده بود و گفته بود: «نه خب، آخه من میرم شمال، عید این جا که

نیستم... راستش اگر هم بودم نمی‌ریختم. هزار تا کار مهمتر دارم.» حوّا برای عید شش تا نعلبکی خریده بود. بسته‌اش را باز کرد. دستمال‌شان کشید و نگاه‌شان کرد. به خودش گفت: «حالا مهمانم کجا بوده که براش توی استکان نعلبکی نو چای بریزم؟ها، حاج خانم طبقهٔ بالا یکی. بتول هم گفت مادرش بعد عید چند روز میاد تهران، خب این شد دو تا». از کوچه برلن سنجد و سماق و سمنو و اسپند خریده بود. توی چهار تا از نعلبکی‌ها ریخت. چند دانه سیر هم از آشپزخانه آورد کنار اسپند گذاشت به خودش گفت: «اسپند که با سین شروع نمیشه؟ اس به انگلیسی همان سین خودمانه دیگه». حوّا به یاد مدرسه افتاد به یاد کلاس انگلیسی. دلش برای بندر پر کشید، برای ننه و خواهر و برادرهایش، برای دوستانش. حالا ننه‌اش چه می‌کرد؟ دلش گرفت. بغضش را قورت داد. به یاد سه عیدی افتاد که با غلام گذرانده بودند. از آن روزها هیچ خاطرهٔ خوشی نداشت که دلش را گرم کند. از ته دل خوشحال بود که غلام دیگر نبود. چند روز پیش هم که بالاخره بعد از مدت‌ها رفته بود غلام را ببیند. از کار و جای تازه‌اش چیزی نگفته بود. وقتی غلام پرسیده بود: «چه کار می کنی، حالا بدون من؟» حوّا گفته بود: «هیچی، برا همسایه‌ها خیاطی می کنم منتظرم خُ کار تو معلوم بشه». چشمان غلام برق زده بود: «حوّا کمی پول داری بشم بدی؟» حوّا مطمئن شده بود که غلام گوشهٔ‌زندان هم دست از اعتیاد برنداشته. غلام گفته بود دادگاهش افتاده بعد از عید و با التماس در چشم حوّا خیره شده بود: «نذاری بفهمن که منو گرفتن،ها! یکی دو بار از این جا به بابام زنگ زدم که شک نکنن. تو هم حرفی نزن، تا ببینم چه میشه».

حوّا کمتر به بندر زنگ می‌زد هر دو سه هفته یکبار. هر بار هم احوال همه را می‌پرسید، می گفت که او و غلام خوب

هستند و خداحافظی می‌کرد. به ننه‌اش گفته بود روز دوم عید صبح بیاید مخابرات. به دروغ گفته بود: «روز اول با غلام باید بریم چند جا عید دیدنی، می‌ترسم نرسم زنگ بزنم».

فکر بندر و خاطرات گذشته اشکش را جاری کرد. به یاد ناصر افتاد و دلش گرم شد. ناصر گفته بود برای تحویل سال به خانهٔ پدر و مادرش می‌رود اما بعد از ظهر ساعت ۳ میاید دنبالش.

حوّا ظرف سرکه را از یخچال بیرون آورد کمی در یک استکان ریخت و سر سفره گذاشت. دو تا سیب سرخ کوچک هم خوب برق انداخت و در یک نعلبکی گذاشت. در نعلبکی آخر دو تا شیرینی و چند تا شوکولات گذاشت. به یاد سکهٔ نیم بهار آزادی افتاد که با پس انداز چند ماهه‌اش خریده بود. با احتیاط آنرا گوشهٔ میز گذاشت و به خودش گفت: «بعد از تحویل سال یادم باشه برش دارم یه وقت گم نشه.» نگاهی به هفت سینش انداخت. به یاد دو تا تخم مرغی افتاد که دیشب با حوصله رنگ کرده بود. آنها را از یخچال بیرون آورد و گذاشت گوشهٔ ظرف سماق. حالا همه چیز آماده بود. از جا بلند شد و لباس عیدش را از چوب رختی برداشت. یک دامن زرشکی و بلوز کرم برای عیدش گرفته بود. ۹۰ سانت ابریشم شیری رنگی هم خریده بود و مربع کرده بود. چند شب وقت گذاشته بود تا دورش را قشنگ لبه دوزی کند برای زیر چادر نواش. یک کیف و کفش ورنی مشکی هم از باغ سپهسالار خریده بود. این اولین کفش مشکی پاشنه داری بود که توی عمرش می‌خرید. برای عروسی‌اش غلام یک کفش کرم خریده بود که پاشنه‌اش بلند بود و حوّا نمی‌پوشیدش. همین طوری هم قدش از غلام بلندتر بود با آن پاشنه دیگر می‌شدند فیل و فنجان. اما این کفشی که گرفته بود پاشنه‌اش خیلی بلند نبود. به خودش گفت «اینو که

بپوشم دیگه می‌شم هم قد ناصر». لباس را پوشید. کفش را به پا کرد و در اتاق کمی راه رفت. راحت بود. حیف که آینه‌اش کوچک بود و تمام قد خودش را نمی‌دید. جلوی آینه بتول ایستاد. از دیدن خودش حظ کرد. چند روز پیش که برای بند شب عید رفته بود آرایشگاه. هم ابرویش را روشن کرده بود هم برای اولین بار موهایش را. بتول گرفته بود: «صورتت خیلی باز شده.» به چشمش مداد کشید و به مژه‌هایش ریمل زد. کمی کرم پودر به صورتش مالید. نمی‌خواست رنگ پوستش خیلی تغییر کند. رژ گونهٔ صورتی کم رنگی زد. رژ لب تازه‌ای خریده بود. از دیدن سرخی آن قند در دلش آب شد. سر رژ تازه را چند بار به لب بالا و پایین کشید. از نگاه کردن به لبان سرخش کیف کرد. تمایلی شدید در درونش حس کرد. سینه‌هایش سفت شد. لبانش می‌زد و از تب بوسه می‌سوخت. به چشمان خمار شده‌اش در آینه خیره شد. به یاد ناصر افتاد و از ته دل آرزو کرد ناصر شوهرش بود.

جمعهٔ پیش ناصر وقتی رسانده بودش برای اولین بار به او گفته بود: «باس زودتر طلاقت رو از شوهرت بگیری حوّا... من خیلی خاطرتت رو می‌خوام... هر وقت که پیاده می‌شی می‌ری توی اون خونه تک و تنها دلم می‌گیره... می‌خوام بشم سایهٔ سرت... وقتی بریم زیر یه سقف دیگه نمی‌ذارم بری کار کنی. می‌شی خانم خونه‌ام.»... حوّا خانه‌اش را تصور کرد: دو تا اتاق بزرگ و آفتاب گیر با یک آشپزخانهٔ جا دار که همهٔ اساسش جا بشود. یک توالت و حمام سر هم مثل همان که در خانه‌ی زهرا دیده بود. تازگی‌ها وضع شوهر زهرا خوب شده بود. خانه‌ی جدا گرفته بودند واز مادر شوهرش جدا شده بود. تند تند هم لباس نو می‌خرید. زهرا گفته بود: «قرضامون که صاف بشه دیگه نمیام سر کار.» برای عید شوهرش یک انگشتر

برایش خریده بود. حوّا به یاد گردن بند اللهی افتاد که ننه‌اش سر عقد به گردنش انداخته بود. دلش سوخت. اگر بود الان می‌انداخت گردنش روی این بلوز چه قشنگ می‌شد.

حوّا کاغذ کادوی استفاده شده‌ای که خوب تا زده و برای روز مبادا زیر موکت گذاشته بود، باز کرد. از جلوی پنجره بسته‌ای برداشت. روی زمین نشست. بسته را باز کرد. کیف پول چرمی جا داری بود با یک کمربند و یک جا سویچی هم رنگ کیف. دیده بود که کیف پول ناصر از چند جا جر خورده است. از این که توانسته بود توی حراجی یکی از مغازه‌های منوچهری همچین چیزی را نصف قیمت بخرد خیلی خوشحال بود. بسته را با دقت کادو کرد و دوباره جلوی پنجره گذاشت. شمع‌ها را روشن کرد و طوری کنار میز نشست که بتواند صفحه تلویزیون را از در وسط اتاق ببیند. تلویزیون حالا مرقد امام رضا را نشان می‌داد. حوّا به یاد مادرش افتاد که همیشه آرزو داشت به پابوس امام رضا برود. گوینده با احساس زیارت امام هشتم را می‌خواند. لحظات تحویل سال نزدیک می‌شد. حوّا چشمانش را بست و از ته دل از خدا خواست که آن سال برای او و ناصر مبارک باشد.

حوّا که با لباس و چادر نو توی ماشین نشست، ناصر چند ثانیه‌ای خیره خیره به او نگاه کرد. حوّا قند توی دلش آب شد. می‌دانست خوشگل شده است و می‌دانست خوشگلی‌اش دل ناصر را برده است. تا توی ماشین بودند. کادو را نشان نداد. فقط سیب و شیرینی و شوکولات‌های سر سفره هفت سین را بیرون آورد و با ناصر خوردند. مثل همیشه به حرف‌ها و جوک‌های ناصر کلی خندید. ناصر با لذت چند ساعتی توی خیابان‌های خلوت تهران ویراژ داد و بالاخره از خیابان ولیعصر بالا رفت تا به دربند رسید.

سر شام حوّا کادوی ناصر را به او داد. ناصر با کف دست محکم به پیشانی‌اش زد و گفت: «خوب شد یادم انداختی، پاک یادم رفته بود!». بستهٔ کوچک کادو شده‌ای را بیرون آورد. حوّا که بازش کرد از خوشحالی نزدیک بود جیغ بکشد. یک الله طلا بود با زنجیر. ناصر از واکنش حوّا به خود بالید، چشمانش از شادی برق زد، با مهربانی گفت: «یادته یه روز برام تعریف کردی که شوهرت طلات رو برد فروخت و دود کرد؟ همون روز تصمیم گرفتم برات بخرم...»

حوّا پلک زد. اشک روی گونه‌اش لغزید. دلش می‌خواست ناصر را ببوسد. ناصر دستش را گرفت و با صدایی که از هیجان می‌لرزید گفت: «تا ناصر هست، دیگه غم نداری.»

آن روز خیلی به حوّا خوش گذشت. کنار ناصر دلش شور نمی‌زد، از چیزی نمی‌ترسید. خودش را زنی تنها و بی‌پناه حس نمی‌کرد. با تمام وجود حس می‌کرد که عاشق ناصر است. دوست داشت هیچ وقت از ماشینش پیاده نشود. کنارش بنشیند و ناصر همین طور برود تا...

هوا دیگر تاریک شده بود. حوّا نگران بتول و برگشتن به خانه نبود. باران می‌بارید. پنجره تاکسی بخار کرده بود و بیرون خوب دیده نمی‌شد به سر کوچه که رسیدند ناصرنگه نداشت کوچه تاریک بود و خلوت. نمی‌خواست حوّا را آن جا پیاد کند داخل کوچه شد و نزدیکی‌های خانه ماشین را خاموش کرد. چراغ‌های ماشین که خاموش شد هر دو در تاریکی ساکت نشستند. ناصرآرام دست حوّا را گرفت. حوّا دلش نمی‌خواست پیاده شود. دلش نمی‌خواست به آن خانه سوت و کور برود. خصوصاً که چراغ صاحب خانه هم خاموش بود. به صندلی تکیه داد و گفت: «دلم نمی‌خواد برم خونه... کاش می‌شد نرم.» ناصر دستش را فشرد. چند لحظه در سکوت گذشت

ناصربه طرفش خم شد و آرام لبانش را بوسید. حوّا غافلگیر شد و تا به خودش بیاید ناصر دوباره لبانش را فشرد این بار آن چنان با هیجان که حوّا نزدیک بود از لذت بی‌هوش شود. میلی شدید در وجودش بیدار شد. دستانش را باز کرد. خودش را در آغوش ناصر انداخت و بوسه را ادامه داد. چند لحظه بعد به یاد موقعیت‌شان افتاد. چادرش را مرتب کرد، خواست پیاده شود ناصر با عجله بازویش را گرفت و با صدایی گرفته که از هیجان می‌لرزید گفت: نرو...

دست حوّا روی دستگیره ماشین بی‌حرکت ماند. آرام به طرف ناصر برگشت و بریده بریده و نامطمئن گفت: «بتول... بتول نیست...»

۷

حوّا عوض شده بود. شکفته بود. مثل آفتاب می‌درخشید. سر از پا نمی‌شناخت. می‌توانست به جای هشت ساعت ۱۶ ساعت کار کند. خستگی را نمی‌فهمید. همه وجودش شده بود عشق به ناصر. با فکرش از خواب بیدار می‌شد، با فکرش می‌دوخت، با فکرش شام می‌پخت، وقتی کسی حرف می‌زد حوّا تمام فکرش پیش ناصر بود.

با برگشتن بتول کار ناصر و حوّا سخت شد. ناصر اتاقی اجاره کرد. بعضی شب‌ها او را می‌برد و صبح اول وقت بر می گرداند. حوّا به بتول دروغ می گفت. به خاطر ناصر می‌توانست به خدا هم دروغ بگوید. بتول اهل فضولی نبود و حالا هم که امتحانات نزدیک می‌شد بدش نمی‌آمد کسی دور و برش نباشد بتواند به درس‌هایش برسد.

حوّا به فکر افتاده بود که هر چه زودتر طلاق بگیرد. می‌دانست حکم غلام کمتر از شش هفت سال نیست و می‌دانست راحت می‌تواند طلاقش را بگیرد. حالا چند هفته‌ای می‌شد که بعضی روزها مرخصی می گرفت.

تغییر ظاهر حوّا و خوشگل و سرحال شدنش چیزی نبود که از چشمان غیرتی و حسود اصغر دور بماند. از همان روز اول که حوّا پایش را در خیاط خانه گذاشته بود و با آن لهجهٔ شیرینش گفته بود اهل کجاست، اصغر دلش لرزیده بود. خودش هم بچهٔ جنوب بود. ۱۵- ۱۶ سال پیش، همان اوایل جنگ ایران و عراق که شهرشان بمباران شد و ننه‌اش زیر آوار ماند، اصغر فرار کرد و دیگر هم پشت سرش را نگاه نکرد. دلش هم اصلاً نمی‌خواست برگردد. خاطرات کودکی‌اش پر بود از گرما و تشنگی و کتک خوردن از دست دایی و صدای گریه ننه‌اش که از ته دل برادرش را نفرین می‌کرد و وقتی آرام می‌شد سر اصغر را در دامن می‌گرفت و از زندگی‌اش می‌گفت، از مرد عربی که بابای اصغر بود و او را وقتی ۱۴ ساله بوده کنار شط دیده و عاشقش شده بود: «خیلی خاطرمو می‌خواست، چیزهای قشنگ برام می‌آورد، حرف‌های خوب می‌زد. چند بار هم اومد خواستگاری‌ام اما دایی‌ات نداد. اما دست بردار که نبود. اون قدر توی گوشم خوند که حاضر شدم باهاش فرار کنم»

ننه‌ی اصغر با او فرار می‌کند. ماه‌های اول همه چیز خوب بوده است اما مرد عرب که آن طرف آب، زن و بچه داشته کم کم از ننهٔ اصغر سرد می‌شود و به فکر می‌افتد تا خودش را از دست گریه‌ها و ناله‌های او خلاص کند، بچه‌اش که به دنیا می‌آید او را به عرب دیگه‌ای می‌دهد. ننه اصغر فرار می‌کند و با سختی‌های زیاد خودش را به این طرف آب می‌رساند اما از ترس برادرها جرأت نمی‌کند به شهرش برگردد. به بندر عباس می‌رود. مدتی می‌ماند اما از بدشانسی آشنایی او را می‌بیند و به برادرها خبر می‌دهد. او را برمی‌گردانند تا حد مرگ کتک می‌زنند. از آن به بعد ننه اصغر در خانهٔ برادر بزرگش می‌ماند. کلفتی زنش را می‌کند، حرف می‌شنود و کتک می‌خورد.

اصغر در کودکی از دایی‌اش خیلی می‌ترسید. دایی هر چیز کوچکی را بهانه می‌کرد و او را زیر کتک می‌گرفت و به او می‌گفت: «حرامزاده».

در ۱۷سالگی اصغر اگر چه قد بلند نبود اما عضلاتی قوی داشت، سبیل پرپشتش او را بزرگ‌تر از سنش نشان می‌داد. چند باری توی محله با چند نفر سرشاخ شد و سر و دماغشان را خونین و مالین کرد. کم کم بین لات‌های آن اطراف جایی باز کرد. حالا کوچکترها رد که می‌شدند سلامش می‌کردند.

یکی از روزهای اوایل جنگ بود اصغر به خانه که رفت دید دایی وسط حیات موی ننه‌اش را در دست پیچیده و دور حوض می‌گرداند. ننه مثل گوسفند روی زمین کشیده می‌شد و با صدایی خفه جیغ می‌کشید. زن و بچه‌های دایی نگاه می‌کردند و صدایشان در نمی‌آمد. اصغر به طرف دایی‌اش رفت تا جلویش را بگیرد. دایی دستش را بلند کرد، سیلی محکمی در گوشش خواباند و داد زد: «برو کنار، حرامزاده». خون جلوی چشمان اصغر را گرفت سرش داغ شد. چنگ انداخت به گلوی دایی و با مشت توی صورتش کوبید.

دایی فریاد زد و دست گذاشت روی صورتش که حالا غرق در خون بود. اصغر از ترسش پا به فرار گذاشت. چند ساعتی دور شهر چرخید. سرشب رفت قهوه خانهٔ عزرا که پاتق عده‌ای از لات‌های شهر بود. تا آخر شب ماند. قهوه خانه که خالی شد عزرا دید اصغر هنوز نشسته. کنارش نشست و استکانی چای دستش داد. اصغر که به خودش آمد همه چیز را برای او تعریف کرده بود. عزرا بالش و شمدی روی یکی از تخت‌ها گذاشت و بی‌صدا بیرون رفت.

اصغر جرات نمی‌کرد به خانه‌ی دایی برگردد. در قهوه‌خانه‌ی عزرا ماندگار شد. روزها به عزرا کمک می‌کرد، شب‌ها هم

همـان جـا می‌خوابیـد. یـک روز کـه بـاز هواپیماهـای عراقـی روی شـهر بمـب ریختـه بودنـد اصغـر شـنید کـه محله‌شـان بمـب افتـاده، بـه سـرعت خـودش را بـه آنجـا رسـاند. وقتـی جنـازهٔ بی‌جـان ننه‌اش را از زیـر خـاک بیـرون کشـید، وحشـت کـرد و همـان لحظـه پـا بـه فـرار گذاشـت.

اصغـر کارش را در تهـران بـا کارگـری و پادویـی شـروع کـرد. حـالا چندسـالی بـود کـه وضعـش خـوب شـده بـود. دوسـت و آشـنا بـه او می‌گفتنـد وقتـش اسـت کـه بـه فکـر زن گرفتـن باشـد. چنـد نفـر هـم از سـر دلسـوزی و ایـن کـه اصغـر ننـه و خواهـری نداشـت کـه برایـش دسـت بـالا بزننـد، کسـانی را بـه او معرفـی کـرده بودنـد. امـا هـر بـار اصغـر ایـرادی می‌گرفـت و همـه چیـز را بـه هـم مـی‌زد.

اولیـن و بهتریـن رابطـهٔ جنسـی‌اش بـا عـزرا بـود کـه خیلـی دوسـت داشـت اصغـر زمـان معاشـقه او را بزنـد، هـر چقـدر اصغـر محکم‌تـر مـی‌زد، عـزرا بیشـتر تحریـک می‌شـد. خـودش هـم اصغـر را مـی‌زد و ایـن بـرای اصغـر خیلـی لـذت بخـش بـود. اصغـر بعـد از عـزرا بـا زن‌هـای دیگـری رابطـه برقـرار کـرده بـود امـا نتوانسـته بـود کسـی مثـل او پیـدا کنـد. یـک شـب زنـی را کتـک زد. صبـح زن بـا صـورت متـورم گفـت کـه از دسـتش شـکایت خواهـد کـرد. اصغـر بـا صـدای بلنـد خندیـد و گفـت: «اگـه ازت پرسـیدن یـارو کیـه چـی داری بگـی؟ لابـد فکـر کـردی واسـه خوابیـدن زیـر مردهـا جایـزه‌ام بهـت میـدن؟ زنیکـهٔ...»

اصغـر بـا ایـن کـه خـودش بـه اخـلاق پایبنـد نبـود امـا از زنـان بی‌بنـد و بـار خصوصـاً زنانـی کـه بـا آنهـا در ارتبـاط بـود، تنفـر داشـت. همیشـه نگـران بـود اگـر زن بگیـرد زنـش بـه او خیانـت کنـد.

جنوبـی بـودن حـوّا باعـث شـده بـود اصغـر احسـاس خاصـی نسـبت بـه او داشـته باشـد. چیـزی شـبیه بـه غیـرت، تعصـب و حـق. اصغـر چنـد بـار سـر صحبـت را بـا او بـاز کـرده بـود امـا هـر بـار حـوّا آن

چنان با اخم به تندی جوابش را داده بود که اصغر جا خورده بود و از حوّا بیشتر خوشش آمده بود.

حالا برایش جالب بود که حوّا برای چه می‌خواهد طلاق بگیرد. آیا مردی در زندگی‌اش پیدا شده؟ و اگر این طور است، آن مرد کیست که حوّا او را به اصغر ترجیح داده است.

چند روزی، بعد ازاین که تولیدی تعطیل می‌شد، اصغر سوار موتور می‌شد، کاسکت را روی سرش می گذاشت و دنبال حوّا راه می‌افتاد. حوّا معمولاً از جمهوری تا بهارستان با اتوبوس می‌رفت. بعد پیاده می‌رفت تا چهار راه سرچشمه. درِ مغازه‌ها می‌ایستاد، کمی خرید می کرد و بعد می‌رفت به طرف خانه.

اما این تعقیب‌های بعد از کار اصغر را به نتیجه‌ای نرساند. به ذهنش رسید روزهای تعطیل او را زیر نظر داشته باشد. اصغر می‌دانست که حوّا با بتول زندگی می کند. اصغر از درس خواندن بتول هم خبر داشت و خوب می‌دانست که بتول دل به کار نمی‌داد. زیاد از اصغر حرف می‌شنید اما باکش نبود. کار می کرد تا دیپلمش را بگیرد بعد از آن می‌توانست برود و پشت سرش را هم نگاه نکند. این است که خیلی زحمت نمی کشید. برای شب عید هم که سر اصغر حسابی شلوغ شده بود و کارگرها اضافه کار می‌کردند و حتی روزهای جمعه هم می‌آمدند، بتول نمی‌آمد. می گفت کلاس دارد. بتول هم مثل حوّا محل اصغر را نمی گذاشت اما با آن قیافه‌ی شیر برنجی ولاغر مردنی و غش و ضعف کردنش وسط کارگاه، چیزی نداشت که دل اصغر را ببرد.

آن روز اصغر از اول صبح با موتور دور و بر خانهٔ حوّا می‌چرخید. از همسایه‌ها پرس و جو کرد فهمید که غیر از بتول و حوّا فقط صاحب خانه و زنش آن جا زندگی می کنند که هر دو پیر و از کار افتاده‌اند و رفت و آمد زیادی ندارند. چند بار از جلوی

خانه رد شد و بعد سر کوچه طوری که دیده نشود وایساد. بتول را از دور شناخت. سرش را پایین انداخته بود و به سرعت می‌رفت. نیم ساعت نگذشته بود که حوّا با آن قد بلندش از دور پیدا شد. اصغر موتور را روشن کرد. حوّا به سر کوچه که رسید نگاهی به چپ و راست کرد و منتظر ماند چند لحظه بعد تاکسی جلوی پایش ترمز کرد، حوّا از زیر چادرش ساکی بیرون آورد روی صندلی عقب گذاشت. خودش جلو نشست و با لبخند چیزی گفت. اصغر راننده را بلافاصله شناخت. کله‌اش داغ شد. خون جلوی چشمانش را گرفت. دلش می‌خواست همان لحظه بپرد جلو و هر دویشان را با چاقو تکه تکه کند. پشت سرشان راه افتاد. ناصر به طرف غرب تهران می‌رفت. جمعه بود و خیابان‌ها خلوت. اصغر نگران نبود که تاکسی را گم کند با آن کاسکتی که روی سرش گذاشته بود و عینکی که به چشم زده بود امکان نداشت کسی او را بشناسد. ناصر میدان آزادی را هم رد کرد و وقتی به سمت راست پیچید، اصغر فهمید که می‌خواهند به چیتگر بروند.

یکی از روزهای گرم و زیبای اوایل خرداد بود. پارک چیتگر پر بود از خانواده‌هایی که برای گذراندن روز تعطیل به آن جا آمده بودند. ناصر در سایه‌ی چند درخت پارک کرد. وسایل را بیرون آورد و با حوّا از تپهٔ کم ارتفاعی بالا رفت. جای دنجی پیدا کردند و وسایلشان را پهن کردند. اصغر بیرون رستورانی که نزدیک تپه بود روی تختی ولو شد. ضمن کشیدن قلیان و خوردن چای حواسش به تاکسی ناصر بود. یک ساعتی گذشت اصغر از تپه بالا رفت و آنها را زیر نظر گرفت. ناصر بساط کباب را برپا کرده بود حوّا روی زیر اندازی کنار سفرهٔ پهن شده نشسته بود. اصغر دلش می‌خواست بپرد جلو و استخوان‌های ناصر را جلوی حوّا خرد کند. دندان‌هایش را به هم سایید و به

خودش گفت: «خجالت نمی‌کشن هر که ندونه، فکر می‌کنه زن و شوهرن! عجب مملکت بی‌در و پیکری شده، تف به این بی‌غیرتی!» اصغر از خشم به خود می‌پیچید. هیچ راهی به ذهنش نمی‌رسید که حال آن دو را بگیرد. حوّا مثل هر روز که به تولیدی می‌آمد، مقنعه و مانتو و شلوار مشکی پوشیده بود و چادر از سرش نمی‌افتاد. با آن قیافه امکان نداشت حراستی‌های پارک به آنها شک کنند و سر سراغشان بیایند. اصغر مدتی آن دور و بر چرخید. حالا ناصر سیخ‌های کباب را وسط سفره روی نان گذاشت لقمه‌ای گرفت و به دست حوّا داد و لقمهٔ بعدی را خودش به دهان گذاشت. حوّا با لبخند چیزی گفت. خون اصغر به جوش آمد. به رستوران برگشت. ناهارش را خورد و کمی روی تخت دراز شد اما آرام و قرار نداشت. دوباره از تپه بالا رفت. ناصر سرش را روی پای حوّا گذاشته و به خواب رفته بود. حوّا به روبرو مات شده بود معلوم بود توی فکر است. اصغر دوباره به رستوران برگشت چای و قلیان سفارش داد و منتظر ماند. مدتی بعد ناصر را دید که وسایل بدست از تپه پایین می‌آمد. اصغر کاسکت را سرش گذاشت و روی موتور نشست. قلبش تاپ تاپ می‌زد می‌خواست بداند حالا کجا می‌روند. نمی‌دانست منتظر چیست. دلش می‌خواست یک جوری حساب هر دوی آنها را برسد. با خودش فکر کرد اگر به خانه رفتند، می‌رود و نیروی انتظامی را خبر می‌کند تا بیایند و هر دو را بگیرند.

اما ناصر حوّا را نزدیکی‌های کوچه پیاده کرد و رفت. اصغر سر کوچه منتظر ماند. بتول برگشت. اصغر همان جا منتظر ماند. تا آخر شب آن دور و بر پرسه زد اما نه حوّا بیرون رفت و نه ناصر برگشت.

فردای آن روز چشم اصغر که به حوّا افتاد به یاد دیروز افتاد

که چطور ناصر سرش را روی پایش گذاشته بود. خونش به جوش آمد. دلش می‌خواست وسط خیاط خانه بگیردش زیر مشت و لگد. حالا از حوّا متنفر بود دلش می‌خواست او را تکه تکه کند. «جای این زنیکهٔ ... دیگه توی تولیدی ما نیست». اما صدای دیگری هم در درونش می‌پیچید. صدایی که خیلی دلش می‌خواست اول این «ماده» را تصاحب کند و بعد پرتش کند بیرون. بیرون کردن برایش کم بود باید بی‌آبرو می‌شد باید هر دویشان بی‌آبرو می‌شدند.

یکی دو روزی اصغر ناصر را زیر نظر گرفت تا بالاخره بهانه‌ای پیدا کرد و با او سرشاخ شد. اگر چه نه ناصر و نه هیچ کدام از کاسب‌های محل نفهمیدید دعوا بر سر چه بود اما حسابی همدیگر را خونین و مالین کردند. اصغر چاقو هم کشیده بود یعنی وقتی دیده بود که حوّا و بقیهٔ زن‌ها جلوی پنجرهٔ تولیدی جمع شده‌اند و آنها را نگاه می‌کنند، دیگر نفهمیده بود چه کار می‌کند. برای نشان دادن زورش دلش می‌خواست ناصر را با چاقو تکه تکه کند. ناصر باورش نشده بود که برای پارک کردن جلوی پله‌های تولیدی برای آدم چاقو بکشند. سال‌ها در آن راسته پارک می‌کرد و برو بیا داشت تا به حال نه با اصغر و نه با هیچ کدام از اهالی محل مشکلی نداشت. با خودش فکر کرد: «باید زودتر حوّا رو از تولیدی این کله خر بیارم بیرون.»

همه در آن محله می‌دانستند اصغرسیاه آدم کله شق و یک دنده‌ای بود که وقتی عصبانی می‌شد هیچ کاری از او بعید نبود. به همین دلیل عده‌ای دوست داشتند سر به سرش بگذارند و او را عصبانی کنند عده‌ای هم ترجیح می‌دادند اصلاً کاری به کارش نداشته باشند و با او دهن به دهن نشوند.

از آن به بعد اصغر به بهانه‌های مختلف روی سر حوّا می‌آمد و بی‌دلیل از کارش ایراد می‌گرفت و می‌گفت: «اگه این طوری

ادامه بدی باس بری از این جا.» حوّا تعجب می کرد، کارش هیچ عیب و ایرادی نداشت. اما از آن روز که او جلوی چشم همهٔ کاسب‌های محل پریده بود به ناصر، از اصغر بدش می‌آمد. حالا حوّا جواب حرف‌های بی‌خود اصغر را می‌داد. انگار ترسی نداشت که بیرونش کند. حتی یک بار که اصغر باز ایراد بی‌خودی گرفت و تهدید به اخراج کرد، حوّا گفت: «بچه می‌ترسونی؟ هر جای دیگه بود، با این همه کاری که من می‌کنم دو برابر دستمزدم بود. هر وقت نخواستی بگو برم.» حوّا دلش به ناصر قرص بود و نمی‌خواست اصغر سیاه براش آقایی کند. آن روز اصغر ادامه نداده بود اما کینه‌اش به حوّا بیشتر شده بود: «لامصب عجب شیر زنیه! حیف که ... است و الا خودم می گرفتمش.»

اصغر خودش هم نمی‌دانست که چطور بالاخره یک روز جلوی آن «ضعیفه» خودش را کوچک کرد و «بعد از آن همه چیز که از او دیده بود»، گفت: «اگه طلاقتو بگیری خودم غلامتم.» حوّا با خشم به او خیره شد و مثل ماده گرگ غرید که: «من هنوز اسم مردم سرمه. طلاقمو که بگیرم میرم بندر پیش بابا ننه ام».

اصغر به خودش گفته بود: «اگه همه چی رو به چشم خودم نمی‌دیدم، حاضر بودم به گیسش قسم بخورم».

۸

اواسط تیر ماه بود. بتول بعد از تمام شدن امتحانات و دادن کنکور مرخصی گرفته و به شمال رفته بود.

اصغر هر روز حوّا را تعقیب می‌کرد و بعد از این که او وارد خانه می‌شد تا آخر شب آن دور و بر با موتور ویراژ می‌داد. وقتی چراغ اتاق حوّا خاموش می‌شد، خسته و گرسنه و ناامید می‌رفت. خودش هم درست نمی‌فهمید دنبال چیست. نمی‌دانست اگر آن دو را با هم در خانه پیدا کند، چه کار خواهد کرد. اما می‌دانست باید حوّا را تعقیب کند.

تعقیب‌های اصغر بی‌نتیجه بود. ناصر حوّا را در شهر می‌گرداند. با هم می‌رفتند پارک، چلوکبابی، دربند، فرحزاد، امام زاده صالح. بعد ناصر او را برمی‌گرداند خانه. اصغر نتوانسته بود تنها جایی غافلگیرشان کند. احساس می‌کرد دارند گولش می‌زنند. احساس می‌کرد کسی دارد به او می‌خندد و این عذابش می‌داد. دیوانه‌اش می‌کرد.

وقتی بتول مرخصی گرفت، اصغر مطمئن شد که ناصر حتماً پیش حوّا خواهد آمد. آن روز جمعه از صبح دور و بر

خانه چرخید اما نه حوّا را دید که از خانه بیرون بیاید و نه ناصر به آن جا آمد. اصغر ساعت‌ها روی موتور منتظر ماند، دور زد، توی کوچه رفت، برمی‌گشت. دوباره منتظر می‌ماند. اما هیچ خبری نبود. از این انتظار بی‌نتیجه خسته بود و گیج. نمی‌دانست دقیقاً دنبال چیست. به چیزی فکر نمی‌کرد. فقط می‌دانست باید آنجا بماند تا از آنها خبری بشود. اما از هیچ کدامشان خبری نبود. آخرشب اصغر خسته و عصبانی چند بار با موتور توی کوچه دور زد. متوجه شد که از اول شب چراغ طبقهٔ بالا روشن نشده است. اما چراغ پایین روشن بود. اصغر مطمئن شد که صاحب خانه نیست و حوّا و ناصر در آن خانه تنها هستند. «شاید ناصر از دیشب اومده. شاید صبح زود اومده. شاید اصلاً بدون تاکسی اومده ومن ندیدمش. تمام مدت که چشمم رو ندوخته بودم به کوچه...» اصغر گیج بود. مغزش درست کار نمی‌کرد. نمی‌توانست تصمیم بگیرد. در مسیری افتاده بود که نمی‌دانست به کجا ختم می‌شود، یا چرا شروع شده است. به پنجره روشن چشم دوخت. از تصور آن دو در تنهایی سرش داغ شد. به خودش گفت: «اگر ناصر الان پیشش باشه با همین چاقو حسابشو می‌رسم... و اگه نباشه؟» از تصور تنها بودن با حوّا در آن خانهٔ خالی در دل شب هیجان زده شد. صدایی درونش پیچید: «شاید حوّا روی خوش نشون بده؟ شاید این اخم و تَخم‌ها جلوی دیگران باشه، شاید واقعاً خاطرمو می‌خواد واسه همینه که اینقدر بد اخلاقی می‌کنه». اصغر با این فکر جلو رفت. وقتی صدای زنگ پیچید، باورش نشد که خودش زنگ زده است. قلبش هری ریخت. به نفس نفس افتاد. چند لحظه بعد صدای حوّا از پشت در به گوشش رسید که نامطمئن پرسید: «کیه؟» اصغر بر خلاف معمول با صدایی زیر و لرزان گفت: «حوّا خانم؟» حوّا با کمی مکث با حالتی

ترسیده پرسید: «شما؟». اصغر با خودش فکر کرد: «زنیکه... می‌ترسه». اصغر نمی‌دانست چه بگوید. چه باید می‌گفت. من من کنان گفت: «من... من از دوستای آقا ناصرم... خبر مهمی برات آوردم»

حوّا تا اسم ناصر را شنید هول برش داشت. یعنی چه بلایی به سر ناصر آمده که دوستش آن موقع شب در خانهٔ او را می‌زد. با شتاب در را باز کرد. در آن تاریکی چند لحظه‌ای طول کشید تا اصغر را تشخیص دهد. با وحشت صدایی شبیه جیغ خفه از گلویش بیرون آمد. با عجله خواست در را ببندد. اصغر که حالا مطمئن شده بود ناصر آن جا است و حوّا از ترس آبرویش می‌خواهد در را ببندد، غیرتی شد. پایش را لای در گذاشت سریع به دو طرف کوچه نگاه کرد و داخل پرید. حوّا خواست جیغ بکشد که اصغر فوراً دست روی صورتش گذاشت و او را محکم به دیوار چسباند. با دست راست در را پشت سرش بست. گوش تیز کرد اما صدایی نیامد. سریع پرسید«: کجاست؟» حوّا با وحشت به او خیره شده بود. اصغر فشار دستش را بیشتر کرد. خم شد و از بغل جورابش چاقویی بیرون آورد و جلوی چشم حوّا ضامنش را کشید. همان چاقویی بود که آن روز برای ناصر کشید و کسیهٔ محل به زور از دستش گرفتند. با صدایی خفه و کشدار در حالی که سرش را به حوّا نزدیک‌تر می‌کرد گفت: «به ولای علی صدات دربیاد با همین چاقو قیمه قیمه‌ات می‌کنم... ازت پرسیدم کجاست؟»

حوّا چیزی گفت اصغر متوجه نشد چاقو را به گردنش فشار داد در عین حال دست چپش را کمی شل کرد صدای حوّا از لای انگشتان اصغر به زور شنیده شد که گفت: «کسی این جا نیست». چشم حوّا به چاقوبود و به خود می‌لرزید. اصغر این لرزش را حس می‌کرد و از آن لذت می‌برد. با نفس نفس زدن

حوّا سینه‌های برجسته‌اش زیر دست چپ اصغر تکان می‌خورد. موجی از تمایل به تصاحب و زجر دادن حوّا زیر پوست اصغر دوید و او را دیوانه کرد. آمده بود تا حوّا و ناصر را با هم تنها گیر بیندازد و حسابشان را برسد اما حالا که ناصر نبود و حوّا در آن خانه تنها بود، اصغر دیگر یادش نمی‌آمد برای چه آمده است. نوک چاقو را از روی چادر نماز حوّا به گردنش فشار داد. حوّا از درد جیغ خفه‌ای کشید. این صدای ظریف زنانه اصغر را به حیوانی وحشی تبدیل کرد. تمام وجودش از تمایل به لرزه در آمد. با حرکتی سریع به لباس حوّا چنگ زد او را از دیوار جدا کرد. از پشت به خودش چسباند. دستش را از عقب سر حوّا روی دهانش محکم فشار داد و گفت: «راه بیفت». او را هول داد به طرف در اتاقی که نور از لای آن بیرون می‌آمد. حوّا به در اتاق خورد. در باز شد. رختخوابی وسط اتاق پهن بود. در وسط و پنجره‌ی اتاق بتول باز بود. اصغر سریع چراغ را خاموش کرد. حوّا را همان جا به دیوار کوبید و همان طور که با دست چپ دهانش را گرفته بود و با دست راست چاقو را به پهلویش فشار می‌داد با ولع خودش را به او فشرد و سعی کرد گردنش را ببوسد. حوّا زیر دست اصغر جیغ می‌کشد و تقلا می‌زد خودش را از چنگ او بیرون بکشد ناگهان دستش محکم به چاقو خورد، چاقو در گوشت گیر کرد. حوّا از درد به خود پیچید و بدنش سست شد. اصغر چاقو را بیرون کشید و روی زمین پرت کرد تا دستش آزاد شود. مثل حیوانی وحشی حوّا را از دیوار جدا کرد و روی زمین کوبید. با دست راست دهانش را محکم فشار داد و با دست چپ سریع چادر را که کنار دیوار از سر حوّا افتاده بود جلو کشید. روی سینهٔ حوّا نشست، بازوهای او را از دو طرف بین دو رانش فشار داد و چادر را محکم دور دهان و گلویش پیچید. همانطور که با فشار تنه از تکان خوردن حوّا جلوگیری می‌کرد

بالشی که کنار افتاده بود روی صورت او گذاشت فشار داد و با دست دیگر کمربندش را باز کرد. حوّا تقلا می‌زد. اصغر روی حوّا دراز کشید با سر بالش را محکم فشار داد و با دو دست لباس حوّا را جر داد. تماس بدن داغ و عرق کردهٔ حوّا، اصغر را از خود بی‌خود کرد. برای لذت بیشتر به سینه و ران و پهلوی حوّا ضربه می‌زد. از شنیدن صدای تماس دستانش با بدن حوّا وحشی‌تر می‌شد. خاطرات معاشقه با عزرا برایش تداعی شده بود و هیجانش را بیشتر می‌کرد. گاهی با دست و گاهی با سر بالش را تا آنجا که می‌توانست فشار می‌داد که مبادا صدای جیغ حوّا بلند شود. گرگ درنده‌ای بود که شکارش را می‌درید و پاره پاره می‌کرد...

نمی دانست چه مدت گذشته است. عرق ریزان و نفس زنان روی حوّا افتاده بود. به خودش که آمد متوجه شد حوّا دیگر دست و پا نمی‌زند. کمی تنه‌اش را بالا گرفت، حوّا تکان نخورد. دستش را از روی بالش برداشت صدایی نیامد از روی حوّا بلند شد، زن جنب نخورد. چادر نماز را از دور دهان و گردن حوّا باز کرد، چیزی نشنید، از جا بلند شد، روی دیوار دست کشید کلید برق را پیدا کرد و آن را پایین زد. با وحشت به دور و بر اتاق نگاهی انداخت. سریع شلوارش را بالا کشید و در وسط اتاق را بست. روی سر زن نشست. حوّا با چشمانی از حدقه بیرون زده و صورتی کبود به سقف خیره شده بود. چادر نماز، بالش و لباس حوّا خونی بود. اصغر وحشت کرد. سرش داغ شد. عرق سردی به بدنش نشست. قلبش محکم به سینه‌اش می‌کوبید. مغزش کار نمی‌کرد. باورش نمی‌شد حوّا را کشته باشد. ترس برش داشت. در اتاق را باز کرد به دو طرف راهرو نگاه کرد. به طرف در خانه رفت بی‌صدا آن را باز کرد. دو طرف کوچه را پایید. کسی نبود. در را آرام و بی‌صدا پشت سر خود بست و

پرید روی موتورش و سریع از آن جا دور شد.

مدتی در خیابان‌ها ویراژ داد. نمی‌دانست چه کار می کند یا کجا می‌رود، نمی‌دانست چه اتفاقی افتاده است. کاملاً منگ بود. آخر شب بود و خیابان‌ها خلوت. یک ماشین گشت نیروی انتظامی از دور دید. دور زد و چند خیابان فرعی را پشت سر گذاشت. چشمش به چراغ‌های روشن یک سوپری افتاد. خیلی تشنه‌اش بود. نگه داشت و نوشابهٔ خنکی گرفت جلوی مغازه روی زمین نشست و نوشابه را سرکشید. چند دقیقه‌ای که گذشت حالش بهتر شد. حواسش سر جا آمد و متوجه شد که نزدیک تولیدی است. از جا بلند شد. فکر کرد بهتر است شب در تولیدی بماند.

چراغ را که روشن کرد. به دستشویی رفت. دستش را زیر شیر آب گرفت. در آینه چشمش به خودش افتاد. پیشانی و گونهٔ راستش خونی بود. نگاهی به پیراهنش کرد. آستین‌ها و جلوی لباسش هم خونی بود. خنکی آب که به صورت تب کرده‌اش خورد، قلبش شروع کرد به کوبیدن به سینه، سرش گیج رفت. تنش سست شد. همان جا روی زمین پهن شد و به دیوار تکیه داد. صورتش را در دستانش گرفت و با صدای بلند زیر گریه زد. «کجایی ننه؟..»

یادش آمده بود که چاقو را در اتاق حوّا جا گذاشته است.

معصومه

بعد از ظهر جمعه بود. یکی از روزهای زیبای خردادماه، هوا گرم شده بود اما گرمایش هنوز لذت بخش بود. با بابا و مامان روی بالکن، رو به حیاط نشسته بودیم و چای می‌خوردیم.

مشهدی علی باغبان که از سال‌ها پیش کار رسیدگی به باغچه‌های خانه را بر عهده داشت دیگر از سلیقه اهالی خانه آنقدر خبر داشت که بداند چه گل‌هایی بکارد و چطور به باغچه‌ها برسد که همه راضی باشند.

بابا فنجان چای را در نعلبکی گذاشت، نگاهی به درخت گیلاس انداخت و رو به مامان گفت:

- مشتی علی خوب بهش رسیده،ها! ببین امسال چقدر گیلاس داده. مامان لبخندی زد و در حالی که با لذت به حیاط نگاه می‌کرد، حرف بابا را با تکان دادن سر تأیید کرد. بعد رو به من کرد گفت: «مریم جون کاش چند شاخه گل یاس می‌چیدی می‌ذاشتی توی گلدون‌هال، قبلی‌ها دیگه پلاسی...

هنوز حرف مامان تمام نشده بود که صدای جیغ زنی در کوچه پیچید. صدای زن با عربدهٔ مردی در هم می‌پیچید.

مامان حرفش را نیمه تمام رها کرد. ابروهایش را در هم کشید و گفت:

- یعنی چه خبر شده؟

از پله‌های بالکن پایین رفت، در خانه را باز کرد و گفت:

- وای خدا مرگم بده، حاجی کوچکی داره وسط کوچه زنشو کتک می‌زنه!

نرسیده به خانهٔ ما، ویلای بزرگ دو طبقه‌ای بود که چند سال پیش حاجی کوچکی آن را خرید و با خانواده‌اش به آن جا آمد و فرهنگ جدیدی را با خودش به کوچهٔ ما آورد.

بابا صاحب قبلی آن ویلا را خوب می‌شناخت می‌گفت: « آدم فهمیده و با سوادی بود. وضع مالی خیلی خوبی هم داشت. سه نسل کارخونه دار بودن. انقلاب که شد بچه‌هاشو فرستاد اروپا، زمان جنگ هم خودش و زنش بلند شدن رفتن. وقتی مطمئن شد که دیگه برنمی‌ گرده، آروم آروم مال و اموالشو فروخت و برد اون طرف.»

اگر چه حاجی کوچکی اولین تازه به دوران رسیده‌ای بود که به آن کوچه آمد، اما آخریش نبود. از آن به بعد هر سال یکی دو تا از همسایه‌ها به امریکا، اروپا یا کانادا مهاجرت می‌کردند و خانه‌هایشان را می‌فروختند و تقریباً در تمام موارد، کسانی جایشان را می‌گرفتند که از محله‌های پایین تهران می‌آمدند و اصالتاً از شهرهای کوچک و حتی روستاها بودند. که بعد از انقلاب و خصوصاً با تمام شدن جنگ، حالا به نان و نوایی رسیده بودند و به بالای شهر می‌آمدند و فرهنگشان را نیز می‌آوردند و آرام آرام صاحب محله می‌شدند.

حاجی کوچکی حدوداً ۶۰ ساله بود، قد بلند و هیکلی. با قیافه‌ای خشن و زمخت و صدایی بلند و طلب کار. همیشه ته ریش داشت و تسبیح می‌گرداند. با آن ظاهر و طرز لباس پوشیدن، به راحتی می‌شد تشخیص داد که بازاری است.

جنگ تازه تمام شده بود و داشتن بنز آخرین مدل از نظر مردم نشانهٔ بدی بود. اما در مورد حاجی دلایل بیشتری وجود داشت تا همسایه‌های آن محله که اکثراً تحصیل کرده و از خانواده‌های اصیل بودند، از او فاصله بگیرند. حتی چند همسایه بازاری و سنتی داشتیم که بالاخره هم، حاجی کوچکی را به جمع خودشان راه ندادند. ظاهر، صحبت‌ها و روابط و رفت و آمدهای حاجی نشان می‌داد که حسابی نان به نرخ روز خور بود. هنوز چند ماه از آمدنش به آن کوچه نمی‌گذشت که بخشی از ویلای بزرگش را وقف کرد و حسینیه‌ای ساخت. هر سال در دهه اول محرم، اربعین، ۲۸ صفر، چند روز از ماه رمضان همینطور در اعیاد در آنجا مراسم مذهبی برگزار می‌کرد. چند بلندگوی قوی در کوچه نصب کرده بود و آرامش را از اهالی محله گرفته بود. آنقدر صدای بلندگو بلند بود که تا مراسم تمام نمی‌شد کسی نمی‌توانست به خواب برود. چند بار همسایه‌ها اعتراض کرده بودند، حتی از مزاحت‌های حاجی شکایت کرده بودند اما فایده‌ای نداشت کسی جلوی او را نمی‌گرفت.

با آمدن حاجی به آن کوچه، رفت و آمد تیپ‌هایی شروع شد که قبل از آن سابقه نداشت: بازاری‌های تازه به دوران رسیده ته ریش دار با چشمانی بی‌نور که از نگرانی دو دو می‌زد سوار بر ماشین‌های شیک و آخرین مدل، زن‌هایی چادری با چهره‌های زشت و بی‌هوش، سرداران تازه به قدرت رسیده در لباس‌های نظامی با ظاهر خشن و طلبکار.

حاجی مثل طوفان در محله گرد و خاک به پا کرده بود. خیلی از همسایه‌ها از وجودش ناراضی بودند.

پشت سر حاجی خیلی حرف‌ها زده می‌شد. می‌گفتند تا قبل از انقلاب در دهی نزدیک ورامین زندگی می‌کرده زمان انقلاب جزء چماق به دستانی بوده که تظاهر کنندگان را کتک

می‌زدنـد بعـد در خانـۀ یکـی از بازاریـان انقلابـی کارگـری می کـرده و از همان‌جـا پایـش بـه بـازار تهـران بـاز می‌شـود. خـودش بـا افتخـار بـرای یکـی از همسـایه‌ها تعریـف کـرده بـود کـه: «مـن از پادویـی تـوی بـازار شـروع کـردم». می گفتنـد زمـان جنـگ جنـس احتـکار می کـرده و چنـد برابـر قیمـت می‌فروختـه. بعـد در کار بسـاز و بفـروش می‌افتـد. تغییـرات بـازار مسـکن باعـث می‌شـود کـه حاجـی بـه سـود کلانـی برسـد و حـالا یکـی از ثروتمنـدان تهـران بـود. هفـت هشـت تایـی بچـه داشـت کـه بـه جـزء یـک دختـر و پسـر، بقیـه ازدواج کـرده بودنـد. وقتـی بچه‌هـا و نوه‌هایـش بـه خانـۀ پـدر بـزرگ می آمدنـد، تمـام محلـه خبـردار می‌شـد کـه حاجـی کوچکـی مهمـان دارد. از بـس کـه سـر و صـدا می کردنـد؛ بچه‌هـا جیـغ می کشـیدند و گریـه می کردنـد، بزرگ‌ترهـا بـرای آرام کـردن آنهـا عربـده می کشـیدند و کتک‌شـان می‌زدنـد. حیـاط بـزرگ ویـلا برایشـان کافـی نبـود، کوچـه را هـم اشـغال می کردنـد.

حـالا زن حاجـی کوچکـی تـوی کوچـه بـدون چـادر فریـاد مـی‌زد و خـودش را روی زمیـن می کشـید وحاجـی بـا تکـه شـلنگی کتکـش مـی‌زد و چیزهایـی می گفـت کـه در میـان عربـده‌اش گـم می‌شـد.

خانـم همتـی همسـایه طبقـه دوم کـه سـریع خـودش را بـه در حیـاط رسـانده بـود، بـا دیـدن ایـن صحنـه پریـد تـوی کوچـه و دسـت زن حاجـی را گرفـت و داخـل خانـه آورد. مامـان سـریع یـک چـادر نمـاز روی سـر او انداخـت. زن حاجـی وسـط حیـاط روی زمیـن پهـن شـده بـود و گریـه می کـرد و بـه نفـس نفـس افتـاده بـود. خانـم همتـی سـعی می کـرد او را بـه داخـل بیـاورد تـا آرام بگیـرد. زن حاجـی قبـول نمی کـرد. مامـان بـه بابـا و آقـای همتـی اشـاره کـرد کـه بـه طبقـه بـالا برونـد.

زن حاجـی خـودش را توی‌هـال انداخـت و حـالا کـه مطمئـن شـده بـود مـردی در خانـه نیسـت، چـادر را کنـار زده بـود بـا دسـت بـه

سینه‌اش می‌کوبید به حاجی فحش‌های ناجور می‌داد و او را نفرین می‌کرد. مامان برایش آب قند درست کرد.

چند دقیقه‌ای گذشت. زن حاجی وقتی خوب فحش‌هایش را داد، آرام شد و زد زیر گریه.

مامان گفت: «حاج خانم اینقدر حرص نخور خدای نکرده سکته می‌کنی، ها! بگو چی شده شاید بتونیم راه حلی پیدا کنیم. بالاخره همهٔ زن و شوهرها دعواشون میشه... »

زن حاجی در حالی که با صدای بلند گریه می‌کرد و بدنش را به چپ و راست تکان می‌داد و با دست چپ روی پای خودش می‌زد گفت: «چه راه حلی قربونت؟ راه حل کدومه؟ این پدرسگ، سر پیری رفته زن جوون گرفته. راه حل کدومه؟»

با گفتن این جمله داغ دلش تازه شد و صدای گریه‌اش بلند تر. لابلای گریه، انگار با خودش حرف می‌زد: «هی بهم می‌گفتن مراقب حاجی باش. گوش نمی‌کردم، باور نمی‌کردم. هی دخترهام می‌گفتن: «مامان، بابا می‌خواد زن صیغه کنه» می‌گفتم: خب بکنه، مَرده. گناه که نمی‌کنه. امروز صیغه می‌کنه، چند هفتهٔ دیگه ولش می‌کنه. گوش نکردم. خواهرام می‌گفتن «حاجی پولش داره از پارو بالا میره، شلوارش شده دو تا، مراقب باش زن نگیره» می‌گفتم: حاجی اهل این حرف‌ها نیست. حالا دیدی چه خاکی شد توی سرم؟ حالا دیدی چه بدبخت شدم. جلوی دامادهام چطوری سرم رو بلند کنم. کجا برم؟ کجا برم؟»

خانم همتی گفت: «چرا بری؟ نشستی توی خونه‌ات.»

زن حاجی باز زد روی ران خودش و گفت: «ای خانم، فکر کردی این جنگ و کتک کاری واسهٔ چیه؟ حاجی می‌گه باید از این خونه بری. می‌گه نمی‌خوام جلوی چشمم باشی. می‌دونم بهانه می‌گیره. می‌خواد من برم که اون زنش رو بیاره

این جا.»

مامان و خانم همتی با قیافه‌های گرفته و ناراحت، کنار زن حاجی نشسته بودند و نمی‌دانستند چطور او را آرام کنند.

چند ساعت بعد یکی از دخترهای حاجی آمد و مادرش را برد. این آخرین باری بود که ما زن حاجی را دیدیم. دیگر به خانه‌اش برنگشت. می گفتند حاجی آپارتمان کوچکی برایش اجاره کرده است.

هنوز چند هفته از آن دعوا نگذشته بود که یک شب صدای صلوات در کوچه پیچید. فردای آن روز رفتگر محله به مامان گفته بود: «حاجی کوچکی زن جدیدش رو آورده».

چند روز بعد از آن وقتی بابا از شرکت برگشت گفت:

- الان توی کوچه حاجی رو دیدم، تبریک که گفتم، خندید و گفت: «والله مهندس ما جوون بودیم ازدواج کردیم زود هم بچه دار شدیم. چیزی از زندگی نفهمیدیم. اما شکر خدا همه رو فرستادیم سر زندگی خودشون. حالا دیگه وقتشه که به فکر خودمون باشیم.» بابا با تحقیر ادامه داد:

- دلم می‌خواست با مشت بکوبم توی اون دهن کثیفش و بگم: «پس زن بیچاره‌ات چی؟» جلوی خودم را گرفتم و فقط گفتم: «مبارک باشه اما خوب بود دل حاج خانم رو نمی‌شکستین، بعد از یه عمر زندگی...» معلوم بود اصلاً خوشش نیومد نذاشت حرفم تموم بشه با بی‌اعتنایی گفت: «فکر اون هم هستم» و رفت.

مامان گفت:

- نذاشته دخترش بره پیش مادرش. این جا نگهش داشته.

بابا گفت:

- لابد همونطور که برای پسرش زن گرفت، این دخترشو هم یک شبه شوهر میده که با خیال راحت با زن جوانش توی این

خونه تنها بمونن.

ماجرای زن گرفتن آخرین پسر حاجی کوچکی موضوعی بود که تا مدت‌ها همسایه‌ها در موردش صحبت می‌کردند و می‌خندیدند.

حدوداً دو سال پیش از آن، باز یک روز صدای داد و عربدهٔ حاجی کوچکی در کوچه پیچید. پسر جوانش را وسط کوچه با مشت و لگد و کابل کتک می‌زد. چند تا از همسایه‌ها پسر را از زیر دستش بیرون کشیدند. یکی از همسایه‌ها حاجی را برد خانه‌ی خودش تا عصبانیتش بخوابد. معلوم شد که پسر حاجی، ماشین پدر را برداشته و دوست دخترش را به گردش برده است. نیروی انتظامی آنها را دستگیر می‌کند. حاجی پسرش را با قید ضمانت از بازداشتگاه آزاد می‌کند به خانه می‌آورد و یک فصل کتک مفصل به او می‌زند تا دیگر آبروی پدرش را نبرد. بعد هم به زن و دخترهایش یک هفته فرصت می‌دهد تا برای پسر جوان زن پیدا کنند تا سرش به زن و زندگی گرم شود و دیگر از این «غلط‌ها» نکند.

پسر که قصد ازدواج نداشته هر بار بهانه می‌آورده است که از دختری که مادر و خواهرها معرفی می‌کردند خوشش نمی‌آید. تا بالاخره حوصلهٔ حاجی سر می‌رود دوباره به جان پسرش می‌افتد و کتک کاری به کوچه می‌کشد.

اما باز هم پسر حاجی کوچکی زیر بار نمی‌رفت. بالاخره کسی به حاجی گفته بود راه حل این موضوع کتک زدن نیست.

وقتی پسر حاجی، سویچ یک ماشین پژو ۴۰۵ که آن روزها در تهران خیلی شیک محسوب می‌شد، کلید یک آپارتمان بزرگ در منطقه‌ای خوب و سند یک مغازه در بازار را از پدرش گرفت، حاضر شد ازدواج کند.

بابا می‌خندید و می‌گفت: «حالا دیگه پسر حاجی می‌تونه با

خیال راحت هر چقدر بخواد دوست دخترهاشو ببره گردش.»

توی کوچه حاجی با کسی روابط نزدیک نداشت. فقط آقای غلامی سوپری سر کوچه با او رفت و آمد داشت و از طریق خانم غلامی بود که ما از آنچه در خانهٔ حاجی می‌گذشت خبردار می‌شدیم.

زن تازهٔ حاجی کوچکی که اسمش معصومه بود، حدوداً ۲۵ ساله به نظر می‌رسید. قد بلند بود با چشمان زیبای آبی رنگ. آنطور که خانم غلامی تعریف می‌کرد اهل یکی از روستاهای گیلان بود. در ۱۴ سالگی با یکی از پسرهای ده ازدواج می‌کند. شوهرش یک سال بعد در جنگ کشته می‌شود و نمی‌تواند تولد دخترش را ببیند. چند سال بعد، یک حاجی بازاری که چهارراه سرچشمه تهران چند مغازه عمده فروشی برنج داشته و هر سال بخشی از برنج‌هایش را از پدر وعموهای معصومه می‌خریده، از او خواستگاری می‌کند. معصومه هم دخترش را به خانوادهٔ شوهرش می‌دهد و به تهران می‌آید و برای خودش می‌شود زن حاجی. چند سال بعد با مرگ شوهر جدید معصومه، پسرهایش مقداری پول به معصومه می‌دهند و او را از خانه بیرون می‌کنند.

معصومه هم که طعم زندگی راحت توی خانهٔ یک حاجی زیر دندانش رفته، نمی‌خواهد به ده‌اش برگردد. مدتی در تهران می‌ماند تا این که حاجی کوچکی پیدا می‌شود و صیغه‌اش می‌کند. پسرهای حاجی کوچکی خبردار می‌شوند. به مادرشان می‌گویند و همه می‌افتند به جان حاجی که این چه کاریی که کردی.

حاجی اول می‌گوید: «این زن شهیده من صیغه‌اش کردم که یک مرد بالای سرش باشه و به انحراف کشیده نشه، خلاف شرع که نیست، خیلی هم صواب داره» وقتی زنش داد و بیداد راه می‌اندازد و قسم می‌خورد که آبروی حاجی را ببرد، او هم

لج می‌کند و می‌گوید: «اصلاً حالا که این طوره من عقدش می‌کنم مگه از کسی می‌ترسم.» پسرهایش می‌گویند: «اگه می‌خوای زن بگیری بهتره مورد بهتری پیدا کنی نه این که از بچه‌های خودت هم کوچکتره و قبلاً هم صیغه دیگران بوده.» حاجی از لج زن و بچه‌هایش معصومه رو عقد می‌کند تا نشان دهد هنوز هم مرد خانه اوست و هر کاری دلش بخواد می‌کند تا بچه‌هایش حساب کار دستشان بیاید.

خانم غلامی که معلوم بود از کار حاجی کوچکی حسابی عصبانی است و لابد نگران شوهر خودش بود که تحت تأثیر حاجی یک وقت از این کارها نکند، می‌گفت: «روزی که حاجی دست زنشو گرفت و آورد توی خونه، پسر کوچک حاجی به پدره زنگ می‌زنه و می‌گه: «حالا که مادر ما رو با اون وضع از خونه بیرون کردی و دست این زن رو گرفتی آوردی جای او، بدان که من کاری می‌کنم که آبروت جلوی همه بره نتونی سرت رو توی بازار بلند کنی» اما من باور نمی‌کنم غیرت داشته باشه انتقام مادرش رو بگیره. دیگه غیرت کجاست؟ حاجی پولداره. پسرهاش مثل سگ ازش حساب می‌برن. واسه‌ی پولش، واسه اینکه به جیب پدره وابسته‌ان.»

***

فرشته زن لاغر اندام و رنگ پریده‌ای بود که چهارشنبه‌ها برای نظافت به خانهٔ ما می‌آمد. از کارگران شرکتی بود. تا یک‌سال پیش از آن هر کس که از طرف شرکت برای نظافت به خانهٔ ما می‌آمد، مامان از کارش ایراد می‌گرفت و راضی نبود. می‌گفت: «به خدا حاضرم دو برابر پول بدم اما درست حسابی کار کنن. دیگه مجبور نشم این کارگرا که می‌رن خودم هم یه بار دیگه بیفتم به جون خونه.»

از همان اولین باری که شرکت، فرشته را فرستاد مامان ذوق زده شد. فرشته طوری کار می‌کرد گویی خانهٔ خودش را تمیز می‌کند، اهل پرحرفی نبود، فضولی هم نمی‌کرد. همان بار اول مامان به او گفته بود: «شماره تلفنتو بده هر وقت خواستم به خودت زنگ بزنم. این طوری مجبور نمی‌شی سی درصد درآمدت رو به شرکت بدی». فرشته گفته بود: «نه خانم، ما حق نداریم به مشتری‌ها شماره تلفن بدیم. هر وقت خواستین به شرکت زنگ بزنین. اون‌ها به من میگن.»

مامان از این برخوردش خیلی تعجب کرده بود و می‌گفت: «هر کس دیگه‌ای بود بلافاصله قبول می‌کرد.»

یکسالی می‌شد که فرشته هر هفته به خانهٔ ما می‌آمد اما از آنجایی که آدم بسیار کم حرفی بود، چیز زیادی از زندگی‌اش نمی‌دانستیم فقط گاهی اوقات چیزهایی از بچه‌هایش می‌گفت. دو تا پسر داشت یکی ۱۵ ساله و دیگری ۱۳ ساله.

آن روز برای اولین بار از زندگی‌اش گفته بود و مامان را حسابی تحت تأثیر قرار داده بود. بعد از رفتن فرشته، مامان نشسته بود پای تلفن و داشت با عمه منیژه مشورت می‌کرد که بهتراست فرشته کارش را در آن شرکت کنار بگذارد و برای خانوادهٔ ما کار کند. مامان می‌گفت: «من و خواهرم مهین و عزیزجون، بی‌بی و شما و عمو رضا می‌شیم شش تا خونواده. خانم همتی و خانم فرهادی همسایه‌های طبقات بالای ما هم هستن. بنابراین اگه فرشته فقط برای ما کار کنه، این‌طوری هم درآمدش خیلی بیشتر میشه، هم مجبور نیست خونهٔ غریبه‌ها بره. تعطیلات هم پیش بچه‌هاشه...»

صحبت تلفنی مامان که تمام شد بابا که روی مبل کنار او نشسته بود و روزنامه می‌خواند گفت: «خانم چی شده باز داری با منیژه نقشه می‌کشین؟»

مامان سرش را به پشتی مبل تکیه داد و گفت: «محمد، چقدر توی این دنیا بدبختی هست؟»

بابا همینطور که چشمش به روزنامه بود گفت: «تعریف کن ببینم چی اذیتت کرده.»

جریان این طوری شروع شده بود که آن روز صبح وقتی فرشته به خانهٔ ما می‌آمده است توی کوچه معصومه را می‌بیند. فرشته بلافاصله او را می‌شناسد. احوالش را می‌پرسد. با هم به طرف خانهٔ ما راه می‌افتند. معصومه به فرشته می گوید که ازدواج کرده است و خیلی هم از زندگی‌اش راضی است. بعد به در ویلای شیک حاجی که می‌رسند با غرور لبخند می‌زند و می گوید: «این خونهٔ منه.»

فرشته حرفش را باور نمی کند. از معصومه خداحافظی می کند و به خانه ما می‌آید. یک ساعتی در سکوت کار می کند اما طاقتش نمی گیرد. مشخصات خانهٔ حاجی کوچکی را به مامان می‌دهد و می‌پرسد:

- شما صاحب اون خونه رو می‌شناسین؟

- آره. چه جور هم!

جواب مامان کنجکاوی فرشته را بیشتر تحریک می کند. می پرسد:

- اون خانم جوون چشم آبی صاحب خونه ست؟

- معصومه رو می گی؟ آره زن جدید حاجی ست.

فرشته به آرامی روی صندلی می‌نشیند و با تعجب به مامان نگاه می کند. مامان که فرشته را خوب می‌شناخت و می‌دانست که اهل حرف نیست از رفتارش تعجب می کند. یک استکان چای برایش می‌ریزد و می گوید:

- مگه می‌شناسیش؟

- بله خانم، یه مدت توی همین شرکتی که من هستم کار

می کـرد.

- یعنی...

- یعنـی مثـل مـن می‌رفـت کارگـری خانـهٔ مـردم... امـا چنـد مـاه بیشـتر نمانـد. یـک دفعـه غیبـش زد.

مامـان می‌خنـدد و می گویـد: - خـب دیگـه همچیـن شـوهر پولـداری پیـدا کـرده. معلومـه غیبـش زده.

فرشته چشمان سیاهش را به مامان می‌دوزد و می گوید:

- حالا خانم یعنی واقعاً گرفتش؟ یا صیغه‌اش کرده؟

- واللـه اون طـور کـه همـه می گـن، آره، حاجـی کوچکـی گرفتـش. منتهـا روی حسـاب لـج و لجبـازی بـا زن و بچـه‌اش بـوده. هـر چنـد کـه مـن فکـر کنـم حاجـی حسـابی راضیـه، خیلـی سـرحال شـده، کلـی جوون‌تـر شـده. بیـا و ببیـن!

فرشـته دیگـر چیـزی نمی گویـد. بـه کارش ادامـه می‌دهـد امـا دیـدن معصومـه و شـنیدن داسـتان خوشـبختی‌اش، ظاهـراً او را بـه یـاد سـختی‌ها و بدبختی‌هـای زندگـی خـودش می‌انـدازد. مامـان می گفـت: «امـروز اصـلاً حواسـش پـرت بـود مثـل همیشـه هـم کار نکـرد. البتـه مـن چیـزی بهـش نگفتـم» دو سـه سـاعت بعـد مامـان صدایـش می‌زنـد کـه بیایـد آشـپزخانه ناهـار بخـورد. طبـق معمـول فرشـته تشـکر می کنـد و می گویـد: «دسـتت درد نکنـه خانـم، ناهـار خـودم هسـت.»

فرشـته هـر هفتـه کـه می‌آمـد اول ظـرف غذایـش را بـه مامـان مـی‌داد کـه در یخچـال بگـذارد، بـه خـودش اجـازه نمـی‌داد کـه در یخچـال مـا را بـاز کنـد و بـا ایـن کـه می‌دانسـت مامـان حتمـاً از ناهـار خودمـان، کـه در واقـع بـه خاطـر آمـدن او از روزهـای دیگـر بیشـتر و بهتـر درسـت می کـرد، برایـش می کشـد، بـاز هـم هـر هفتـه غـذا مـی‌آورد و اصـرار داشـت آن را بخـورد. بـه نشـانه احتـرام، دو قاشـق از ناهـار مامـان برمی‌داشـت امـا بیشـتر نمی‌خـورد. مامـان هـم هـر

بارمی گفت: «حالا که نخوردی ببر برای شامت.» بعد غذای فرشته را برمی‌داشت سهم بچه‌هایش را اضافه می‌کند و با مقداری گوشت و دیگر مواد غذایی خشک به او می‌داد. مامان بعضی اوقات با احتیاط چیزهایی هم برای بچه‌هایش می‌داد. اوایل فرشته قبول نمی‌کرد. مامان می‌گفت: «ببین به خدا این‌ها نو نوِ نو اما دیگه اندازه بچه‌هام نیست. اگه توی خونواده بچه کوچک داشتیم که هیچ وقت به تو نمی‌دادم. خب حیفه بی‌مصرف بمونه. خودت نگاه کن اگه خوشت نیامد نبر». کم کم معصومه خجالت را کنار می‌گذاشت و لباس‌ها را قبول می‌کرد. اما کتاب‌های کمک درسی را بی‌چون و چرا می‌برد و خیلی خوشحال می‌شد می‌گفت: «بچه‌هام هر دو شاگرد اولن.»

آن روز برای اولین بار فرشته لابلای صحبت‌هایش گفته بود«پدر خدابیامرز بچه‌هام...» مامان پریده بود وسط حرفش:

- مگه شوهرت مرده؟

- آره خانم مهندس، ده سال میشه.

- خدا رحمتش کنه. هیچ وقت نگفته بودی.

- گفتن نداره خانم. همون بهتر که دیگران ندونن. آدم راحت تره.

- مریض بود؟

- نه خانم مهندس. توی بمبارون اهواز کشته شد.

- شوهرت اهوازی بود؟

- نه، اون هم از ده خودمون بود. اون روز با بابام رفته بود اهواز. شهر بمبارون میشه. اون هم...

بغض گلویش را می‌فشارد. مامان می‌گوید:

- خب اگه توی بمبارون کشته شده که یعنی شهید شده. پس شما جزء خانواده‌های شهید هستین. بنیاد شهید کمکتون

می کنـه.

- ای خانـم مهنـدس، خانـوادهٔ شـهید کدومـه! شـوهرم بمـب خورده بود تـوی سـرش تکه تکه شده بود جنـازه‌اش پیدا نشـد... بابـام می گـه «اون روز کـه رسـیدیم اهـواز، مثـل همیشـه رفتیـم مغـازه خالـو ابراهیـم کمـی برنـج روغـن بخریـم کـه دیدیـم سـر و صـدای ضدهوایی‌هـا درآمـد تـا بـه خودمـان آمدیـم دیدیـم هواپیماهـا آمـدن بـالای سـرمان شـروع کـردن بـه بمـب ریختـن». بابـا می گـه جلوی چشمشـان زنـی افتـاد زمیـن. بچـه‌اش پـرت شـد. شـوهر خدابیامـرز مـن از مغـازه می‌پره بیـرون و بچـه را از وسـط خیابـان برمـی‌داره کـه یـک دفعـه همـان جـا یـک بمـب می‌افتـه. دو تـا دیـوار مغـازه پاییـن میـاد و بابـام وسـطش گیـر می کنـد. مـردم بیـرون می کشـندش و می‌برنـدش بیمارسـتان. یـک هفتـه طـول کشـید تـا بابـام بتوانـه حـرف بزنـه. امـا خـوب یـادش بـود کـه چطـور شـوهر مـن بـا بچـه در بغلـش میـرن زیـر زمیـن. هیـچ اثـری از جنـازه‌اش پیـدا نشـد. هـر چقـدر رفتیـم بنیـاد شـهید فایـده‌ای نداشـت. می گفتنـد: «از کجـا معلـوم کـه در بمبـاران کشـته شـده شـاید از خانـه فـرار کـرده.»

- چه کاره بود؟ حقوقی چیزی برات نگذاشت؟

- کارگـر بـود، خانـم مهنـدس. حقوقـش کجـا بـود. بـرای بابـای خـودم کارگـری می کـرد. مـا شـش تـا خواهـر بودیـم و سـه تـا بـرادر. مـن بزرگشـان بـودم ۱۴ سـاله بـودم کـه شـوهرم دادنـد. یعنـی او آمـده بـود بـرای بابـام یـک تابسـتان کار کـرده بـود امـا بابـام پـول نداشـت مـزدش را بدهـد. گفـت: «بـه جـای مـزدت دختـرم رو بـردار ببـر». پـدر او هـم گفـت: «مـن نـان خـور اضافـه نمی‌خـوام. خـودم ده تـا دارم.» ایـن بـود کـه مـا عروسـی کردیـم و همان‌جـا پیـش بابـام ماندیـم. شـوهرم بـا بابـام سـر زمیـن کار می کـرد. البتـه بـرای دیگـران هـم کارگـری می کـرد.

- پـس وقتـی شـوهرت مـرد بابـات نمی‌تونسـت خـرج بچه‌هـای

تو رو هم بده.

- وقتی شوهرم مرد وضع‌مان بدتر شد. به زور نان خالی می‌دادم به بچه‌ها. بابام نمی‌گذاشت برم برای مردم کارگری بکنم. می‌گفت بیوه‌ای برامان حرف درمیارن. خودش هم که درآمدی نداشت. شکم ۱۴ نفر رو سیر کنه. بچه‌هام شده بودند مثل چوب خشک. مثل این بچه افریقایی‌ها. همیشه گرسنه بودند. تا این که محسن ناجور مریض شد. آنقدر تبش بالا بود که بی‌هوش می‌شد. جوشانده‌های مادرم هم فایده نداشت. بغلش کردم و تا سر جاده دویدم. خیلی هول کرده بودم می‌دانستم محسنم داره می‌میره. توی جاده جلوی هر ماشینی که رد می‌شد می‌گرفتم تا اینکه یک جیپ ارتشی سوارم کرد. خدا بیامرزدش آقا منصور. به راننده گفت: «مستقیم برو بیمارستان دویست تخت خوابی اهواز.» به بیمارستان که رسیدیم محسن رو بغل کرد و دوید من هم دنبالش. بچه را بلافاصله خواباندند. ولی به من گفتند: «برو فردا بیا». من هم که جایی نداشتم برم. راننده جیپ گفت: «بریم خانه‌ی ما.» خدا خیرش بده اون چند روز که بچه توی بیمارستان بود زحمتم گردن اون‌ها بود. با مادر و خواهر برادرهاش زندگی می‌کرد. آنقدر غم روی دلم بود که همه چیز را براشان تعریف کردم. آقا منصور تهرانی بود توی جبهه عکس می‌گرفت. وقتی محسن را از بیمارستان مرخص کردند، ازش چند تا عکس گرفت. گفت: «بابام در تهران هتل داره، اگه بری اون جا حتماً کمکت می‌کنه.» آدرس و شماره تلفن رو روی کاغذ نوشت و داد دستم. من به ده خودمان برگشتم. چند ماهی گذشت اما وضع‌مان توی زمستان بدتر شد. این بود که دست بچه‌ها را گرفتم و راه افتادم به طرف تهران. توی سرما و برف رسیدیم تهران. یک راست رفتم به آدرسی که آقا منصور داده بود، به در هتل که رسیدم، گفتم با

حاجی آقا ناصری کار دارم. دربان هتل ما را به دفتر حاجی برد. حاجی نگاهی به من و بچه‌ها کرد و گفت: «بله، بفرمایین.» گفتم: «آقا ما را پسرتان منصور خان فرستاده.» از سرما آنچنان می‌لرزیدم که نمی‌توانستم دهنم را باز کنم و حرف بزنم. بچه‌ها خودشان را به پاهای من چسبانده بودند و از سرما می‌لرزیدند. حاجی خیره خیره به من و بچه‌ها نگاه کرد انگار برق گرفته بودش. به دربان گفت برامان چای بیاورد. بچه‌ها از سرما و گرسنگی تند تند قند می‌زدند توی چای و می‌خوردند. چای را که خوردم و کمی گرم شدم جریان مریضی محسن و کمک پسر آقای ناصری را برایش تعریف کردم. حاجی آهی کشید و گفت: «الله و اکبر. اون دنیا هم که رفته هنوز به فکر مردمه هنوز هم زن و بچه‌های بی‌پناه رو می‌فرسته سراغ پدر پیرش.» حاجی زد زیر گریه و با خودش حرف می‌زد: «بابا جان تو که اینقدر به فکر مردم بودی چرا تنهاشون گذاشتی و رفتی؟..» خدا بیامرزه آقا منصور رو، اون روز فهمیدم که یک ماه قبل از رفتن ما به تهران شهید شده بود.

حاجی آن روز توی هتل به ما اتاقی داد. فردا نزدیکی‌های هتل برای ما اتاقی پیدا کرد. کمی وسیله هم داد. کمک کرد اسم مهدی را در مدرسه بنویسم و محسن را بذارم مهد کودک. خودم هم در هتلش مشغول به کار شدم. خیلی در حقم پدری کرد هر بار که ازش تشکر می‌کردم می‌گفت: «تو رو منصور فرستاده، از اون تشکر کن نه از من.»

مامان می‌گوید:

- خدا پدرش رو بیامرزه. یه حاجی اون طوری به وظیفهٔ دینی خودش عمل می‌کنه و به زن و بچه‌های شهید کمک می‌کنه، یکی هم مثل حاجی کوچکی به اسم کمک به زن شهید و کار خیر، سر پیری، به فکر لذت بردن خودشه.

فرشته ادامه می‌دهد:

- خدا بیامرزش تا اون زنده بود من و بچه‌هام راحت بودیم. اما وقتی حاجی به رحمت خدا رفت، بچه‌هاش که همه خارج بودند مادرشان را بردند پیش خودشان و کم کم مال و اموال حاجی را فروختند. هتل که فروش رفت، من و بچه‌هام هم آواره شدیم. هر چند که ناشکر نیستم خدا بزرگه. توی این شرکت هم بد نیست. منتها اشکالش اینه که هیچ وقت تعطیلی ندارم هر روز سر کارم. حتی جمعه‌ها.

- سختت نیست بدون مرد توی این شهر بزرگ؟

- خب چرا، آدم ناجور کم نیست. اما خانم مهندس، همه چیز دست خود آدمه. البته من هر خانه‌ای نمیرم. مثلاً خانهٔ مرد مجرد هیچ‌وقت نمی‌رم.

- چرا دوباره شوهر نکردی؟ از ۲۱ سالگی بیوه شدن خیلی زوده.

- خانم مهندس کدام مرد میاد برای یتیم‌های من پدری بکنه؟ توی این دوره زمونه مردم حوصلهٔ بچهٔ خودشون رو ندارن چه برسه به بچه دیگران. نمی‌خواستم بچه‌هام زیر دست ناپدری بزرگ بشن.

***

حاجی کوچکی در مدت سه چهار سال زندگی با معصومه اگر چه برای سرگرم کردنش خیلی کارها کرد؛ از سفرهای زیارتی و تفریحی در داخل کشور، تا سفر به مکه و کربلا و سوریه که آن روزها بین تازه به دوران رسیده‌ها خیلی مد بود، با این حال معصومه جوان بود و پرانرژی واز زندگی‌اش ناراضی.

خانم غلامی می‌گفت:

«خب، حق داره، بندهٔ خدا؛ هنوز سی سالش نشده باید این

پیرمرد بداخلاق و بددهن رو تحمل کنه.»
و یا می‌گفت:
«حاجی بهش اجازه نمیده تنها از خونه بیرون بره، میگه«هرچی لازم داری بگو من می‌گیرم یا خودم می‌برمت بیرون»، نمی‌گذاره با خونواده‌اش رفت و آمد کنه، نمی‌گذاره دخترش رو ببینه. می‌گه«من وقتی تو رو گرفتم نه ننه باباتو دیدم نه بچه‌ات رو. خودت تنها بودی حالا هم فقط خودت رو تنها می‌خوام.»
بعد از یک دوران زندگی پر هیجان با زن جوانش حالا در آستانه‌ی ۷۰ سالگی، حاجی گرفتار انواع مریضی‌ها شده بود. اول آنکه خبردار شدیم سکته قلبی کرده است. مدتی در بیمارستان بستری بود و مدتی در خانه. و چون آن سکته دوم بود، پزشک به او هشدار داده بود که پرهیز غذایی را کاملاً رعایت کند و از هیجان و فعالیت زیاد خودداری کند. این بود که حاجی دیگر بیشتر اوقات در خانه می‌ماند، بهانه می‌گرفت. از بچه‌هایش خواسته بود که بیشتر به او سر بزنند. آن طور که خانم غلامی می‌گفت: معصومه از اینکه مرتب باید از خانواده حاجی که کم هم نبودند پذیرایی کند ناراضی بود.
تا این که، باز صدای عربده‌های حاجی و جیغ و دادی زنانه در کوچه پیچید. این بار معصومه بود که بی‌حجاب توی کوچه جیغ می‌زد و از مردم کمک می‌خواست. حاجی نه با شلنگ و کابل، بلکه با چاقو او را تهدید می‌کرد. طبق معمول همسایه‌ها واسطه شدند. معصومه را به خانهٔ آقای غلامی فرستادند. حاجی را هم به خانه برگرداندند.
مامان گاهی اوقات که خرید داشت به سوپری زنگ می‌زد آقای غلامی خریدهای او را به یکی از شاگردها می‌داد به در خانه بیاورد. آن روز خانم غلامی خریدها را آورد. مامان تشکر

کرد و گفت: «بفرمایین تو، چای حاضره.»

خانم غلامی به ندرت به خانهٔ ما می‌آمد هر چند که خودش بسیار دوست داشت در خانهٔ همه سر بکشد. عاشق شنیدن اخبار جدید بود. همیشه هم چیزی برای تعریف کردن داشت. به همین دلیل مامان خیلی سعی می‌کرد در حضورش با احتیاط صحبت کند.

آن روز من حدس زدم مامان مخصوصاً او را به خوردن چای دعوت کرده است تا شاید در لابلای صحبت، ماجرای شب قبل را از زیر زبانش بکشد.

اما خانم غلامی نیاز نداشت کسی زیر زبانش را بکشد گویی اصلاً برای همین آمده بود که جریان را تعریف کند. وقتی من فنجان‌های چای تازه دم و ظرف شیرینی را روی میز گذاشتم مامان رو به خانم غلامی گفت: «بفرمایین، شیرینی‌اش تازه‌ست خانگیه.»

خانم غلامی با چرب زبانی گفت: «به به لابد مریم خانم درست کرده. می‌گم خانم مهندس ماشاالله دیگه بزرگ شده‌ها، همین روزهاست که ایشاالله داماد دار بشین... »

مامان گفت: «مریم؟ مریم هنوز بچه‌ست خانم غلامی، مگه دورهٔ قدیمه؟ انشاالله وقتی فوق لیسانشو بگیره، شاید مهندس حاضر بشه خواستگارا پاشونو توی این خونه بذارن.»

خانم غلامی گفت: «وقتی قسمت باشه کسی نمی‌تونه جلوشو بگیره.»

مامان فنجان چایی را برداشت و گفت: «والله چی بگم. توی این دوره زمونه دیگه فرقی بین پسر و دختر نیست میرن دانشگاه، کار می‌کنن. بعد از ازدواج هم با هم خونه رو اداره می‌کنن. مثل اون موقع‌ها که نیست. من ۱۸ ساله رفتم خونهٔ شوهر. همه چی برام آماده بود. هیچ زحمتی نداشتم جزء کارهای خونه و

بچه داری که اون هم همیشه یه کسی بود که کمکم کنه. اما الان دیگه از این خبرها نیست.»

خانم غلامی گفت: «گذشت اون موقعی که شوهر می‌کردی به کسی که بیست سی سال ازت بزرگ‌تر باشه. همین معصومه رو ببینین. وقتی شوهر کرده بود روی ابرها راه می‌رفت از خوشحالی، حالا بیا نگاش کن. می‌گه: «بیماری افسردگی گرفتم رفتم دکتر گفته: بخاطر زندگی کردن با یه پیرمرده» به حق چیزای نشنیده! خانم مهندس آخه یه دکتر میاد به آدم یه همچین حرفی بزنه؟»

بی آنکه منتظر جواب مامان باشد ادامه می‌دهد: «بهش می‌گم آخه دختر مگه مرض داشتی زن کسی شده که جای پدرته. می‌گه: چه کار کنم از بدبختی بود. بهش می‌گم: بدبختی کدومه؟ یعنی توی همون ده خودت دیگه مرد نبود که بیاد تو رو بگیره؟ حتماً باید بچه‌ات رو ول می‌کردی و زن یه پیر مرد می‌شدی؟ می‌گه: عقلم نمی‌رسید. بهش می‌گم: دختر جان این‌ها همه بهانه است، خب بار اول عقلت نرسید، بار دوم چی؟»

خانم غلامی قندی به دهان گذاشت و فنجان چایش را بلند کرد.

مامان گفت:

- زن بیچاره، همه فکر می‌کردن حاجی دیگه دست از کتک کاری برداشته. حالا دیشب چی می‌خواست از این دختر بدبخت؟

خانم غلامی فنجان خالی را روی میز گذاشت و گفت:

- والله چی بگم خانم مهندس. حاجی چند وقته که بهش مشکوک شده دیگه دیشب انگار کارد به استخونش رسیده بوده.

- مشکوک شده؟ به چی؟

- گردن اون کسایی که می‌گن. خود معصومه که قسم می‌خوره همهٔ این حرف‌ها دروغه. اما حاجی می‌گه مدرک دارم.

مامان با چشمان گرد به خانم غلامی نگاه کرد همین باعث می‌شود خانم غلامی با لذت بیشتر ادامه دهد.

- خدا منو ببخشه. من که به چشم خودم ندیدم اما انگار پسرهای حاجی تعقیبش کردن دیدن با یه مردی می‌رفته کافه و رستوران و سینما. اول حاجی باور نکرده بعد پسرهای حاجی ازش فیلم گرفتن و نشونش دادن. می‌گن حاجی هم تلفن خونه رو کنترل کرده فهمیده راسته.

مامان با تأسف سرش را تکان داد و با صدایی غمگین گفت:

- حالا معصومه کجاست؟ خونه شما؟

- نه خانم مهندس، من پسر جوون دارم، اون غلامی چشم سفید نزده می‌رقصه! چطور این دختر رو توی خونه‌ام نگه دارم؟ دیشب آخر شب غلامی با چند تا از همسایه‌ها واسطه شدن و حاجی راهش داد. معصومه قول داده بدون حاجی پاشو از خونه بیرون نذاره. به حاجی هم گفتن: «یه مدت تلفن خونه رو قطع کن تا خیالت راحت بشه».

***

یکی دو ماه بعد از آن، غروب یک روز پنج شنبه، خانم غلامی با یک سینی در دست که سه بشقاب حلوا در آن بود زنگ زد. خانم همتی و مامان روی تراس نشسته بودند. خانم غلامی سینی حلوا را به طرف مامان گرفت و گفت: «سومی واسهٔ خانم دکتره، خیراتِه.» مامان گفت: «خدا بیامرزه همهٔ اموات رو. دکتر و خانمش این جا نیستند. رفتن ویلاشون.»

مامان از خانم غلامی دعوت کرد روی بلکن بنشیند تا ظرف

حلوایش را خالی کند. خانم غلامی روی صندلی نشست. من برای آنکه حرفی زده باشم احوال دخترش را پرسیدم که می‌دانستم سال آخر دبیرستان است. گفت:

- پسر عمه‌اش خارجه. ازش خواستگاری کرده. ببینم راضی‌اش می‌کنم قبول کنه. می گن خیلی وضعش توپه.

- خارج ؟ کجا؟

- چند ساله که رفته ژاپن.

- سال آخره. درسش سخته. بذارین انشالله بعد از کنکور.

- والله از بس عمه‌اش اصرار می‌کنه. خودش می گیه می‌خوام درس بخونم. برم دانشگاه. باباش می گه: «این همه زن دانشگاه رفته بیکار داریم تو هم میشی یکی مثل اونا.»

مامان بشقاب خانم غلامی را با دو تا دلمه توی سینی‌اش گذاشت. خانم همتی هم با مقداری گز آمد. به خانم غلامی گفت: «سوغاته. همتی از اصفهان آورده» و رو به مامان ادامه داد: «یه پرونده دستشه. هی واسهٔ اون میره اصفهان و برمی گرده.»

خانم غلامی گفت:

- راستی خبر دارین حاجی معصومه رو طلاق داد

ما سه نفر با دهان باز و چشمان گرد شده به او خیره شدیم. خانم غلامی وقتی تعجب ما را دید چشمانش برق زد. روی صندلی نشست و گفت:

- پس خبر ندارین؟ الان یه هفته ست!

خانم همتی با صدایی غمگین گفت:

- آخه چرا؟

مامان پرسد:

- نکنه سر همون جریان بود که کتک کاری هم کردن؟

- آره خانم مهندس. خدا می‌دونه من که به چشم خودم ندیدم اما اگه دروغ بود یعنی معصومه به همین راحتی راضی

می‌شد از مهریه‌اش بگذره؟ حاجی حتی طلاهایی هم که توی این مدت براش خریده بود بهش نداده. با یه چمدون لباس از خونه کردش بیرون. بهش گفته اگه بخوای آبرو ریزی بکنی این فیلم‌ها رو می‌برم دادگاه تا به جرم زنا سنگسارت کنن.

خانم همتی گفت:

- حالا واقعاً حاجی مدرکی داشت؟

- والله خانم همتی چی بگم؟ می‌گن پسرهای حاجی تعقیبش می‌کردن. توی خیابون و کافه و سینما و این ور و اون ور ازش فیلم گرفتن.

مامان گفت:

- خب غذا خوردن وسینما رفتن که نشد مدرک.

هوا داشت تاریک می‌شد. صدای اذان از بلندگوی حسینیه حاجی شنیده شد. خانم همتی با نگرانی پرسید:

- حسینیه امشب مراسمی هست؟

خانم غلامی در حالی که از جایش بلند می‌شد گفت:

- شب وفات حضرت زهراست.

مامان با صدایی لرزان از بغض گفت:

- یا حضرت فاطمه! به داد همهٔ زن‌های بی‌پناه برس.

خانم غلامی که ضمن بلند شدن ما را قسم داده بود که از جایمان بلند نشویم، در خانه را پشت سرش بست. خانم همتی در حالی که با چشمان غمگین به فضا خیره شده بود پوزخند زد و گفت: «هه، حالا حاجی کوچکی واسهٔ توجیه این آبروریزی، جلوی یه مشت بی‌آبروتر از خودش، به هر بهانه‌ای توی این حسینیه سر و صدا راه می‌ندازه.»

فاطمه

۱

خسته و کوفته با لباس‌های خاکی وارد شدم. داد زدم:

- سلام، من اومدم.

مامان از آشپزخانه سرک کشید. با مهربانی نگاهی به من انداخت و ضمن برگشتن به آشپزخانه گفت:

- خسته نباشی. خوش گذشت؟

- جای شما خالی. هوا عالی بود.

- کاش این علی رو هم با خودتون می‌بردین. بچه‌ام از بس توی اتاقش می‌شینه و درس می‌خونه دیگه رنگ توی صورتش نیست، به خدا دلم واسه‌اش کباب می‌شه.

- نگرانش نباشین مامان جون. وقتی تخصصش رو بگیره اون وقت تمام این سختی‌ها رو جبران می‌کنه.

بوی دلمه در خانه پیچیده بود. دلم ضعف می‌رفت. ضمن برداشتن روسری و مانتو به طرف آشپزخانه رفتم:

- مامان دارم از گشنگی می‌میرم!

مامان که سر گاز داشت با احتیاط دلمه‌های برگ مو را در ظرفی می‌چید گفت:

- مگه چیزی نبرده بودی؟

- چرا، ولی خب تعدادمون زیاد بود این پسرها هم که حوصله ندارن یه لقمه با خودشون بردارن اما ماشاالله تا دلت بخواد خوش اشتهان.

- آره دیگه هوای آزاد و کوه نوردی اول صبح، اشتها رو هم باز می‌کنه. می‌خواستی به حامد بگی واسه ناهار بیاد تو. دلمه دوست داره.

در حالی که به طرف دستشویی می‌رفتم با بی‌اعتنایی جواب دادم:

«گفت کار داره باید بره.»

دستم روی دستگیره‌ی در دستشویی بود که مامان در آستانه در آشپزخانه ظاهر شد با حالتی نسبتاً نگران پرسید: «چیزی شده؟»

از این که مامان رابطه‌ی من و حامد را جدی تلقی کند کلافه شدم و گفتم:

- منظورتون چیه؟ هم چین حرف می‌زنین انگار من و حامد رابطی‌ی خاصی داریم. چرا باید چیزی بشه؟

مامان دست و پایش را جمع کرد و در حالی که معلوم بود برای توجیه حالتش داشت به دنبال بهانه می گشت، من من کنان گفت:

- وا، چرا این طوری فکر کردی؟ منظورم اصلاً یه... چیز دیگه بود... گفتم خدای نکرده شاید مامانش دوباره مریض...

نگذاشتم صحبت مامان تمام شود در دستشویی را باز کردم و با بی‌توجهی گفتم:

- نمی‌دونم، من چیزی نپرسیدم اون هم نگفت کارش چیه.

بابا و مهندس‌هاشمی، پدر حامد با هم همکار و دوست بودند. از وقتی به یاد دارم حامد و خانواده‌اش در خاطرات بچگی‌ام همه جا بودند: در مسافرت‌های شمال، مهمانی‌ها، کوه نوردی‌های

آخر هفته. وقتی دانشگاه قبول شدم. آرام آرام رابطه‌ی من و حامد یه جورایی صمیمی‌تر شد. یعنی او بیشتر به من توجه می‌کرد، اوایل گاهی اوقات بیرون دانشکده می‌دیدمش. می‌گفت تصادفاً داشته رد می‌شده، دعوتم می‌کرد برویم با هم یک نوشیدنی بخوریم. بعضی وقت‌ها مرا به سخنرانی‌های دانشکده‌شان دعوت می‌کرد، اواخر هفته که با دوستانش کوه می‌رفت اصرار می‌کرد من هم بروم. البته حامد با علی هم دوست بود و زیاد به او سر می‌زد اما من حس می‌کردم علی فقط بهانه‌ای بود برای آمدنش به خانه‌ی ما و الا بیشتر اوقات ما با هم بودیم.

بابا به مهندس هاشمی که ما او را عمو صدا می‌زدیم علاقه‌ی خاصی داشت و همیشه می‌گفت: " حامد واسه‌ی من مثل علی می‌مونه. " من حس می‌کردم هم بابا و مامان من و هم پدر مادر حامد از این نزدیکی خوشحال هستند. هر چند که کسی به روی خودش نمی‌آورد. اما به نظرم می‌رسید همه به این رابطه دل بسته‌اند. برای من، حامد دوست خوبی بود که به راحتی و بدون ترس می‌شد با او بیرون رفت، کوه، کنسرت. خیلی از دخترهای دانشکده نگران بودند گشت نیروی انتظامی آنها را با دوست پسرهایشان در خیابان دستگیر کند و آبروی‌شان جلوی خانواده‌ها برود. من اصلاً دلم شور نمی‌زد. حتی کمی هم حسودیم می‌شد به حال و هوای بچه‌هایی که در خفا و پنهانی کسی را دوست داشتند. به نظرم آن هیجان و نگرانی خیلی جذاب می‌رسید. اما حامد مرد ایده‌آل من نبود. حتی از این که مرتب پسرهای دانشکده او را کنار من ببینند و فکر کنند که او دوست‌پسر یا نامزد من است حالم گرفته می‌شد فکر می‌کردم این طوری فرصت آشنایی و احتمالاً دوست داشتن و عشق واقعی را دارم از دست می‌دهم. حتی این اواخر تصمیم

گرفته بودم تا آنجا که ممکن است از حامد فاصله بگیرم.

بعد از دوش گرفتن و عوض کردن لباس‌های خاکی حالم بهتر شد. وارد آشپزخانه که شدم علی و مامان ناهار را شروع کرده بودند. علی با بی‌حوصلگی داشت می‌گفت:

- مامان من خیلی درس دارم. بگین مریم بره.

پرسیدم:

- کجا؟

- مامان می‌خواد واسه عمه منیژه دلمه ببری.

عمه منیژه چند سالی از بابام کوچکتر بود. همه در فامیل او را دوست داشتند. چه به خاطر شخصیت جذابش و چه به احترام گذشته سختی که پشت سر گذاشته بود.

عمه سال‌ها قبل از انقلاب، در دانشکده ادبیات دانشگاه تهران درس خوانده بود. آلبوم‌های قدیمی‌اش را که باز می‌کردی، عکس‌های دوران دانشجویی‌اش بی‌حجاب بود با لباس‌های شیک، موهای آرایش کرده، چهره‌ای زیبا و خندان در محوطه دانشگاه، در سلف سرویس، همراه با پسرها و دخترهای هم کلاسی در کوه‌های شمال تهران و جاهای دیگر.

با دیدن عکس‌ها می‌گفتم:

- عمه شما هم خوب واسهٔ خودتون جوونی می‌کردین، ها!

عمه با لبخند می‌گفت:

- آره، بهترین دوران زندگی‌ام، زمان دانشجویی بود.

آلبوم را که ورق می‌زدی، لباس و ظاهر عمه در عکس‌ها تغییر کرده بود. روسری به سر داشت و از آرایش خبری نبود.

یک روز عمه برایم تعریف کرد که چطور با حسین رضایی از دانشجویان فعال سیاسی آشنا می‌شود و چطور تحت تأثیر افکارش قرار می‌گیرد. عمه آنچنان با علاقه و احساس از حسین حرف می‌زد که معلوم بود هنوز عاشق اوست:

«حسین هم مثل بابات، دانشجوی دانشکدهٔ فنی بود. با هم دوست بودن. حسین به خونهٔ ما رفت و آمد داشت. پسر خیلی خوبی بود. سرشار از انرژی و امید به آینده، همه دوستش داشتن. بین دانشجوها خیلی محبوب بود. حرف‌های حسین، کتاب‌هایی که بهم می‌داد، کلاس‌هایی که منو با خودش می‌برد، نگاهم رو به زندگی عوض کرد. توجهم رو به مسائل روز، وضعیت اجتماعی، فقر و بی‌سوادی مردم و این جور چیزا جلب کرد و از همه مهمتر، در کنار حسین بود که به تعریف جدیدی از دین رسیدم. حسین برای من یک معلم بود، یک دوست و یک...»

صدای عمه لرزد. اشک در چشمانش حلقه زند. آلبوم را ورق زدم. بچه‌ای کوچک در بغل عمه، حسین در کنار آنها به دوربین لبخند می‌زد. عمه گفت: «حسن فقط نه ماهش بود که باباشو اعدام کردن.»

می دانستم که عمه بعد از اعدام شوهرش به طور جدی وارد فعالیت سیاسی می‌شود و حتی مدتی به زندان می‌افتد.

«انقلاب که شد فکر می کردیم به هدفمون رسیدیم. فکر می کردیم بالاخره خون حسین و بقیهٔ آزادی خواهان به نتیجه رسیده. اما خیلی زود فهمیدیم که عده‌ای افراطی می‌خوان بقیه را حذف کنن و ایران را طبق قوانین قرن‌ها پیش اداره کنن.»

می دانستم عمه بعد از انقلاب هم به زندان افتاده و شغلش را از دست داده بود. مامان می گفت:

«منیژهٔ بیچاره از زندان که آزاد شده بود، همه دلمون براش می‌سوخت؛ از بس که لاغر شده بود. افسردگی شدیدگرفته بود. از همه کس و همه چی می‌ترسید. بیشتر از همه، نگران حسن بود. مرتب می گفت: «می خوان حسن رو بکشش.» هر چقدر باهاش صحبت می کردیم و می گفتیم کسی با حسن کاری

نداره، باورش نمی‌شد. بالاخره حسن رفت امریکا و منیژه یه کم آروم شد.»

می دانستم عمه چند سال بعد از آزادی از زندان تحت درمان بوده است و سپس به امریکا می‌رود و مدتی در آنجا زندگی می کند. حتی در رشته ادبیات انگلیسی هم مدرکی می گیرد.

به عکس‌های عمه در امریکا نگاه می کردم با چهره‌ای سرحال و شاداب در کنار حسن و زن و بچه‌اش، در میان دوستان ایرانی و امریکایی، در محیط دانشگاه، در جلسه دفاع از تزش...

- عمه چرا امریکا نموندین؟ چرا برگشتین؟ خوشتون نیومد؟

- چرا، اون جا همه چی عالی بود. اون چند سالی که امریکا بودم واقعاً آرامش داشتم. اما می‌دونی، خودم رو غریبه احساس می کردم. همه چیز خوب بود اما کشور من نبود. این جا درسته که شرایط زندگی خوب نیست اما خونهٔ منه، متوجهی؟ غرب برای جوونا خوبه. زود عادت می کنن اما من که نزدیک به پنجاه سال در ایران زندگی کرده بودم، خودم رو غریبه احساس می کردم. خاطراتم، گذشته‌ام، همه چیزم این جا بود. نمی‌تونستم دور از کشور، فرهنگ و خونواده‌ام باشم. اگه از بیست سالگی رفته بودم، موضوع فرق می کرد.

راستش یکی از دلایل من برای انتخاب رشته ادبیات، علاقه‌ام به عمه بود. عمه برای خیلی‌ها در خانواده الگو بود. با اینکه مذهبی بود، اما اعتقاداتش به دل می‌نشست. خدای عمه منیژه لبخند می‌زند، آرام، مهربان، بخشنده و منطقی بود. عمه هیچ وقت نمی گفت: «چرا جلوی پسرهای غریبه روسری نمی‌پوشی؟» هیچ وقت نمی گفت: «خدا زن‌های بی‌حجاب رو می‌بره به جهنم و در آتش می‌سوزونه». خدای عمه با چیزهای مهمتری کار داشت. مثل: عدالت، برابری، رعایت حقوق انسان‌ها، مثل رعایت اخلاق به خاطر احترام به خودت

به عنوان یک انسان و نه از سر ترس. رابطه‌ی عمه منیژه با خدایش دوستانه بود نه مثل یک برده با صاحبش. عمه اهل نذر و سفره ابوالفضل و این جور چیزا هم نبود

مامان خیلی او را دوست داشت، خیلی به او احترام می گذاشت و برای حرف‌ها و نظراتش خیلی ارزش قائل بود. هر وقت به مشکلی برمی‌خورد با عمه منیژه مشورت می کرد.

عمه با بعضی از مؤسسات خیره همکاری می کرد. بارها شنیدم که به مامان می گفت:

- نسرین جون به جای پختن نذر و تقسیم کردن بین عده‌ای دوست و آشنا و فامیل پول دار، بهتره پولش رو به یه مؤسسه خیرۀ مطمئن بدی که خرج چند تا بچه‌ی بی‌سرپرست بکنن.

مامان سرش را به علامت موافقت تکان می‌داد و می گفت:

- راس می گی به خدا منیژه جون. این طوری زحمت خودم هم کم‌تر می‌شه، صوابش هم بیش تره.

اما یکی دو روز قبل از تاریخ نذر، مامان نظرش عوض می‌شد و می گفت: «نه، می‌ترسم خدا منو نبخشه. نذر به جای خودش، کارهای خیر هم به جای خودش.»

خدای مامان اخمو بود. چاق و با ابهت. حوصلۀ تغییر و این جور چیزاها را هم نداشت. خیلی اهل بحث کردن و دلیل آوردن نبود. حرفش یکی است: «حالا که نذر کردی باید اداش کنی، ضعیفه! ادا اصول و کلک هم موقوف!»

مامان اهل کلک زدن نبود. وقتی می‌خواست ترسش را توجیه کند می گفت: «خب چه کار کنم، دست و دلم برای بچه‌ها می‌لرزه.»

مامان رو به علی با دلسوزی گفت:

- اللهی مامان فدات شه. واسه این گفتم که بری بیرون یه

کم هوا بخوری. از بس توی اون اتاق نشستی رنگ پریده شدی
مامان چند تا دلمه‌ی دیگر در ظرف علی گذاشت و ادامه داد:
«بخور. بخور جون داشته باشی درس بخونی.»

مامان توجهی به من نکرد. می‌دانستم از حرف‌هایم رنجیده است. برای آنکه از دلش دربیارم گفتم:

- آره، مامان جون من می‌برم. اصلاً چند وقته عمه منیژه رو ندیدم دلم براش تنگ شده.

مامان سرش را بلند کرد، لبخندی زد و گفت:

- بهش زنگ زدم گفتم: «منیژه پنج شنبه‌ست پاشو امشب بیا اینجا دلمه درست کردم دوست داری»، گفت: «نمی‌تونم. مهمون دارم.»

- مهمونش کیه؟

مامان لقمه را قورت داد و گفت:

- درست نفهمیدم. انگار گفت از این خانم‌های شهداست که با این موسسه‌ای که منیژه واسه‌اش کار می‌کنه، در ارتباط ان.

علی گفت:

- عمه‌ست دیگه؛ همیشه باید گرفتار مشکلات دیگرون باشه.

مامان گفت:

- خدا خیرش بده. مگه بده علی جون؟ می‌دونی دعای خیر چند نفر دنبال سرشه؟ همین دعاهاست که آدمو از قضا بلا دور نگه می‌داره.

علی گفت:

- اما اگه فردا عمه به خاطر این همه دوندگی و حرص و جوشی که می‌خوره، مریض بشه، بیفته توی رختخواب، این دعاها به دادش می‌رسن؟ یه نفر از خانم‌های بی‌سرپست و مشکل دار که همیشه دور برش ان، دو روز میاد ازش مراقبت کنه؟

مامان با نگرانی اخم کرد و به تندی گفت:

- زبانتو گاز بگیر. وا! خدا نکنه. منیژه مگه چند سالشه؟ انشالله حالا حالا سرپاست و نیازی به پرستار نداره.

۲

وارد که شدم روی کاناپه روبروی در، زنی چاق و زیبا در پیراهن بلند مشکی نشسته بود. سلام کردم. لبخندی زد، از جایش بلند شد و دستانش را به علامت در آغوش گرفتن از هم باز کرد. سه بار صورتم را محکم و صمیمانه بوسید و با لهجه‌ی شیرین کردی احوالم را پرسید.

عمه از آشپزخانه به طرفم آمد و بوسیدم.

- سلام مریم جون، چه عجب! راه گم کردی. می‌دونی چند وقته یه سری به من نزدی؟

- الهی قربونتون برم عمه جون. باور کنین همه‌اش با امتحانات میان ترم و تحقیق واسه‌ی این درس و اون درس مشغول بودم.

- می دونم. عمه جون. شوخی کردم. می‌دونم دوران دانشجویی همینه دیگه. هی باید درس بخونی.

عمه به طرف زن برگشت و گفت:

- فاطمه، مریم برادر زاده مه، ادبیات می‌خونه. دانشگاه تهران.

فاطمه ابروهایش را بالا داد و گفت:

- اِ... آفرین! سال چندمی؟

- سال سوم.

- خواهر شوهر من هم چند سال پیش دانشکده ادبیات درس می‌خوند.

عمه در حالی که روی مبل می‌نشست رو به من گفت: «فاطمه هم امسال دانشگاه قبول شده.»

فاطمه چشمان مشکی درشت خماری داشت که در صورت مهتابی‌اش جذابیت خاصی داشت. با شنیدن حرف عمه چشمانش از شادی برق زد و با خوشحالی گفت: «خدا کنه بتونم توی این سن و سال از پسش بربیام.»

عمه به طور مصنوعی اخم کرد و با لحنی جدی گفت:

- وا! این حرفا چیزی فاطمه جون؟ من نوه داشتم که دوباره رفتم سر کلاس. درس خوندن که سن نمی‌شناسه.

پرسیدم: - ببخشین، این موقع از سال قبول شدین؟

- نه، دو ترم مرخصی گرفتم. حالا اومدم انتقالی بگیرم واسه شهر خودم.

- چه رشته‌ای قبول شدین؟

- علوم اجتماعی.

- کدوم دانشگاه؟

- دانشگاه تهران.

- اِ! چقدر خوب، آفرین!

- خب البته من از سهمیه استفاده کردم و الا عمراً نمی‌تونستم خودم قبول بشم.

عمه که انگار با بچه طرف است، با لحن مخصوص گفت:

- هیچم این طور نیست. باور کن سهمیه هم نبود قبول می‌شدی. درسته جوونای ۱۷- ۱۸ ساله ذهن شون آماده تره اما در عوض حواس شون هزار و یه جا میره. متمرکز نیستن. جدی درس نمی‌خونن.

به یاد خانم حسینی افتادم که چند روز پیش به مناسبت تولد ۵۰ سالگی‌اش شیرینی آورده بود دانشکده. برای آنکه در تأیید صحبت عمه حرفی زده باشم گفتم:

- عمه راس می‌گن. ما یه خانمی توی دانشکده داریم چند روز پیش ۵۰ ساله شد. البته بنده خدا خیلی بیشتر از سنش به نظر می‌رسه. فوق لیسانس جامعه شناسی می‌خونه. لیسانسش فکر می‌کنم مال سی سال پیشه. بعد از تموم کردن درسش ازدواج می‌کنه و مشغول کار و زندگی میشه. اصفهانیه. دوستام که توی خوابگاه هستن تعریف می‌کردن روزهای اول که هنوز نمی‌شناختنش فکر می‌کردن این پیر زن بد لباس با موهای سفید مستخدم خوابگاه ست. بعد فهمیدن نه بابا فوق می‌خونه و بچه‌هاش همه دکتر مهندسن.

عمه دنبال حرفم را گرفت:

- پس چی! درستش هم همینه. فکر کرده حالا که بچه‌ها از آب و گل در آومدن، لابد خودش هم باز نشسته شده، بهتره بره درس بخونه. آفرین!

عمه رو کرد به فاطمه و ادامه داد:

- اما من فکر می‌کنم اراده و پشتکار هیچ کس به پای تو نرسه.

فاطمه لبخند زد و سرش را پایین انداخت. زیر لب گفت:

- نه بابا، اراده کدومه، منیژه جون؟ نمی‌دونی به خدا همون دور و بر ما چه شیرزنایی پیدا می‌شن! چه طوری بار سنگین زندگی رو به دوش می‌کشن بدون این که صداشون دربیاد. من که کاری نکردم.

عمه در حالی که از جا بلند می‌شد گفت:

- قبول دارم، خصوصاً توی منطقه غرب، شیر زن زیاده، زندگی هم خیلی سخت‌تر از این طرفاست. اما این فاطمه‌ای که من

می‌بینم با اون فاطمه‌ی افسرده‌ی چند سال پیش، خدا رو شکر، زمین تا آسمان فرق داره. در حالی که اون موقع تا این حد هم مسئولیت نداشتی. درسته؟

فاطمه لبخند زد، نفس عمیقی کشید و گفت:

- خدا کمک می‌کنه.

عمه ظرف دلمه را از روی میز برداشت و به طرف آشپزخانه رفت:

- دستت درد نکنه مریم جون، شامت رو هم که با خودت آوردی.

- نه عمه جون. نمی‌مونم.

عمه از آشپزخانه با صدای بلند گفت:

- وا! واسه چی؟ می‌دونی چند وقته ندیدمت. می‌خوام امشب حسابی واسه‌ام از دانشکده و دوستات تعریف کنی و عمه رو ببری به دوران قشنگ دانشجوی‌اش توی اون دانشکده.

عمه آهی کشید و با صدای پایین شروع کرد به آواز خواندن:

کجایی ای جوونی رفیق نیمه راهم
کجایی ای جوونی ببینی اشك و آهم

من و فاطمه به همدیگر نگاه کردیم و لبخند زدیم. فاطمه با چشم و ابرو اشاره کرد که یعنی: «بمون.»

عمه با سینی چای از آشپزخانه بیرون آمد. سینی را از دستش گرفتم و جلوی فاطمه گرفتم و بعد جلوی خود عمه. عمه ضمن برداشتن چای گفت:

- دستت درد نکنه، مریم جون. حالا برو لباستو عوض کن. چیزی با خودت آوردی؟

- نه، ولی زیر مانتو بلوز تنمه.

- پس برو مانتو رو دربیار چروک نشه. خودم به مامانت زنگ می‌زنم. امشب قراره سه تایی واسه خودمون تا نصف

شب گل بگیم و گل بشنویم. شاید از فاطمه هم خواهش کنم داستان زندگی شو برات تعریف کنه (عمه رو به فاطمه کرد) اشکالی نداره، فاطمه جون؟ فکر کنم واسه دختر جوونی مثل مریم خیلی جالب باشه و البته خیلی هم آموزنده.

فاطمه آهی کشید و گفت:

- ناشکری نمی‌کنم، منیژه جوون. تا اون جا که یادمه بدبختی بوده، واسه چی می‌خوای ذهن شو با این چیزا خسته کنی؟ بذار از زندگی لذت ببره. باور کن وقتی امروز توی دانشگاه، این دخترا و پسرای جوون رو می‌دیدم که خوشحال و بی‌خیال واسه خودشون این ور و اون ور نشسته بودن و می گفتن و می‌خندیدن، کلی روحی‌ام عوض شد. (فاطمه کمی مکث کرد. با صدایی غمگین ادامه داد) دور از جون مریم، من توی این سن بیوه شده بودم با یه بچه روی دستم.

۳

شب سرد زمستانی بود. حیاط پر بود از برف. همه جا یخ زده بود. گوشه‌ی حیاط آتش درست کرده و دو تا دیگ بزرگ رویش گذاشته بودند. بوی هیزم با بوی آب چلو و خورش قیمه خانه را پر کرده بود. مادرم یک پایش توی اتاق بود به احوال پرسی و خوش آمد گویی به مهمانان و یک پایش پای دیگ‌های غذا. سعی می کرد نگاهش به من نیفتد. آشفته بود و تکلیف خودش را نمی‌دانست. اما من خوشحال بودم. قند توی دلم آب می‌شد. روز قبل مرا به آرایشگاه برده بودند برای اصلاح. آن شب هم خاله‌ی کوچک سعید مرا آرایش کرده بود. هر کس وارد اتاق می‌شد می گفت: «ماشاالله.»

همه چیز دو سال پیش از آن شروع شده بود. من شانزده ساله بودم و می‌رفتم کلاس سوم دبیرستان. که یک شب مادر سعید با چند زن مسن به خانه مان آمدند. اگر چه خانه‌ی ما در یک کوچه بود اما خیلی با هم فرق داشتیم. خانواده سعید شیعه بودند و لُر. پدرش در بازار مغازه داشت، دست‌شان حسابی به دهن‌شان می‌رسید. خانه‌ی بزرگی داشتند. هر دو حاجی بودند.

اگـر چـه سـنی نداشـتند. دختـر بزرگ‌شـان دو سـال از سـعید بزرگ‌تـر بـود. بعـد از سـعید، حمیـد بـود کـه سـه سـال از سـعید کوچکتـر بـود و بعـد از او، دو تـا دختـر و یـک پسـر دیگـر. حـاج خانـم مهریـه‌اش را بـه شـوهرش بخشـیده بـود تـا در عـوض او را بـه مکـه ببـرد. می‌گفـت دیگـر آرزویـی نـدارد. بـا ایـن کـه هنـوز چهـل سـالش نشـده بـود امـا بـزرگ کوچـه بـود، همـه‌ی زن‌هـا بـا او مشـورت می‌کردنـد. روزهـای جمعـه زن‌هـای محلـه را جمـع می‌کـرد می‌بـرد نمـاز جمعـه، تشـیع جنـازه‌ی شـهدای جنـگ کـه آن روزهـا مرتـب از جبهـه می‌آورنـد، در مسـجد محلـه بـا زن‌هـای دیگـر فعالیـت پشـت جبهـه می‌کردنـد؛ مـواد غذایـی جمـع می‌کردنـد، بسـته بنـدی می‌کردنـد و بـه جبهـه می‌فرسـتادند. بـرای آواره‌هـای جنگـی وسـیله جمـع می‌کردنـد، بـرای شـهدا مراسـم روضـه و ختـم انعـام راه می‌انداختـد، بـرای اسـیرها و مفقودی‌هـای محلـه و دوسـت و آشـنا، سـفره ابوالفضـل و امـام حسـن و بی‌بی سـه شـنبه و نـذر و نیـاز. خلاصـه حـاج خانـم را همـه در محلـه می‌شـناختند و احتـرام می‌گذاشـتند.

امـا مـا کـرد بودیـم و اهـل حـق. پـدرم اوایـل انقـلاب کـه جنـگ در کردسـتان بـالا گرفتـه بـود و امنیـت وجـود نداشـت مـا را بـه لرسـتان آورده بـود. یکـی از فامیل‌هـای دورش در بـازار مغـازه‌ای داشـت، بزرگـی کـرده و اجـازه داده بـود بابـام بسـاطی جلـوی مغـازه‌اش پهـن کنـد و بـا فـروش خشـکبار خرجـش را در بیـاورد. امـا خرجمـان در نمی‌آمـد. مـن و خواهـرام در خانـه چیزهایـی درسـت می‌کردیـم مثـل کلاه و جـوراب پشـمی، لیـف حمـام، دسـتگیره‌ی آشـپزخانه کـه بابـام کنـار بسـاطش می‌گذاشـت و می‌فروخـت. ولـی از پـس سـیر کـردن شـکم هشـت تـا بچـه برنمی‌آمـد. مـادرم مجبـور بـود طـوری کـه بابـام بویـی نبـرد بـرای مراسـم خیـر و شـر بـه خانـه‌ی مـردم بـرود و آشـپزی کنـد. پـدرم اگـر می‌فهمیـد آن رویـش بـالا می‌آمـد، سـیاه و کبـودش می‌کـرد و اجـازه نمـی‌داد پایـش را از خانـه بیـرون بگـذارد. مـادرم

خیلی مراقب بود او نفهمد. فقط من و خواهرم خبر داشتیم. در عوض هفته‌ای یکی دوبار می‌توانستیم غذاهای خوب بخوریم.

آن تابستان که کلاس دوم دبیرستان را تمام کرده بودم با چند تا از دخترهای همسایه به کلاس خیاطی مسجد محله می‌رفتم. امیدوار بودم خیاطی یاد بگیرم و چرخ خیاطی قسطی بخرم و در کنار درس خواندن، خیاطی کنم. می‌ترسیدم بابام به بهانه‌ی گرانی خرج مدرسه، نگذارد دیپلم بگیرم. می‌خواستم هر طوری که شده آن سال مدرک خیاطی‌ام را بگیرم.

در همان مسجد عده‌ای از جوانان محله کتابخانه‌ای درست کرده بودند و به بچه‌ها کتاب امانت می‌دادند من هم از آن جا کتاب می‌گرفتم و می‌خواندم.

سعید در همان کتابخانه کار می‌کرد. هر بار که می‌رفتم زود جلو می‌آمد و کارم را راه می‌انداخت تا معطل نشوم. قد بلندی داشت. لاغر بود با ریشی پر. پیراهن گشادی می‌پوشید که همیشه روی شلوار پارچه‌اش می‌انداخت. آن روزها همه‌ی جوانانی که حزب اللهی بودند این طور لباس می‌پوشیدند. سعید و خانواده‌اش هم حزب الهی بودند. همان سال تابستان خواهر بزرگ سعید، سارا که او هم کلاس خیاطی می‌آمد، با یک دانشجوی پاسدار عقد کرد. از لابلای حرف‌هایش دستگیرم شده بود که سعید آن سال دبیرستان را تمام کرده و کنکور دانشگاه داده بود. یکبار هم سارا همه‌ی ما را برای سفره بی‌بی سه شنبه به خانه‌شان دعوت کرد. گفته بود نذر سعید است که دانشگاه قبول شود" اگر دانشگاه قبول نشه باید بره سربازی. خدا رحم کنه با این جنگ و خونریزی". دلم برای سارا می‌سوخت؛ هم نگران نامزدش بود و هم نگران سعید.

اواخر شهریور بود که یک روز سارا با جعبه‌ای شیرینی به کلاس آمد. خیلی خوشحال بود برادرش دانشگاه قبول شده بود

رشته‌ی کامپیوتر البته فوق دیپلم اما سارا ذوق زده گفت: "دو سال میره تهران خدا بزرگه شاید تا درسش تموم بشه و بخواد بره سربازی، جنگ هم تموم شده باشه".

نمی دانم چرا از شنیدن خبر رفتن سعید به تهران دلم گرفت. انگار عادت کرده بودم هر روز در مسجد ببینمش. مطمئن بودم قبل و بعد از کلاس منتظر بود شاید من به کتابخانه بروم. آن تابستان من حسابی کتاب خوان شده بودم و اگر خجالت نمی‌کشیدم هر روز به بهانه‌ای سری به کتابخانه می‌زدم. سعید چیزی به من نمی‌گفت اما از رفتارش و این که با دیدن من دست و پایش را گم می‌کرد می‌دانستم که حسابی به من علاقمند شده است.

چشم و ابروی درشت و مشکی و قدبلندی من به پدرم رفته بود. می‌دانستم که گردی صورت‌ام در چادر زیباتر هم به نظر می‌رسید بارها زن‌هایی که به مسجد می‌آمدند به من تذکر داده بودند که صورتم را محکم‌تر بگیرم چون مردهای جوان آن دور و بر زیاد هستند. مادرم لباس کردی می‌پوشید و مثل زن‌های کرد به حجاب اهمیتی نمی‌داد. اما من چند سالی بود که دیگر بیرون از خانه لباس کردی نمی‌پوشیدم. مانتو تنم می‌کردم با چادر مشکی. پدرم غر می‌زد که لباس رنگارنگ کردی برای زن از مانتو و چادر مشکی خیلی قشنگ‌تر است. اما من دوست نداشتم از بقیه‌ی دخترها سوا باشم.

رفت و آمدهای آن سال تابستان به مسجد محله کار خودش را کرد و سعید چند روز قبل از رفتن به تهران مادرش را مجبور کرده بود تا برای خواستگاری من بیاید. مسلماً حاج خانم که از کرد و اهل حق بودن و البته وضعیت مالی خراب پدرم خبر داشت، به هیچ وجه با این وصلت موافق نبود و وقتی از مادرم شنید که " ما رسممان نیست دختر به شیعه بدیم، ما بین خودمان وصلت

می‌کنیم" لبخند زد و گفت: "پس خدا رو شکر".

اما سعید کسی نبود که با شنیدن یک "نه" از میدان در برود؛ هر چند هفته یک بار از تهران می‌آمد. اگر چه اعتقاداتش اجازه نمی‌داد با من حرف بزند اما چند روزی که می‌ماند هر روز صبح قبل از رفتن به مدرسه و بعد از ظهرها که برمی‌گشتم، او را سر کوچه می‌دیدم.

در مدت دو سالی که سعید دانشجو بود بارها مادر، پدر و چند نفر از بزرگان محل را واسطه کرد.

پدرم به هیچ وجه دوست نداشت دختر به یک غیر اهل حق بدهد، اما خرج زندگی در آن روزهای جنگی مرتب بالا می‌رفت و حالا که من دیپلمم را گرفته بودم پدرم آرزو می‌کرد دخترهایش را یکی یکی شوهر دهد و دست و بالش کمی باز شود. افسوس می‌خورد که در بین فامیل، شوهری برای من نبود؛ او و مادرم هر دو بچه‌ی بزرگ خانواده خود بودند و تمام عموزاده‌ها، عمه زاده‌ها، خاله زاده‌ها و دایی زاده‌ها از من کوچکتر. چند تا خواستگاری هم که از کردستان پیدا شده بودند چنگی به دل نمی‌زدند و به دل مادرم ننشستند. آنقدر از جنگ و برادر کشی بعد از انقلاب خاطرات بد داشت که نمی‌خواست من یا خواهرانم دوباره به آن جا برگردیم. می‌خواست دور و بر خودش باشیم.

بالاخره پدرم علی رغم میل باطنی‌اش با ازدواج من و سعید موافقت کرد. همه در محله فکر می‌کردند من خیلی شانس آورده‌ام و وصلت با پسر حاجی لرستانی برای من و خانواده‌ام لقمه‌ی بزرگی است. خاله‌ی بزرگ سعید همان روز نامزدی خیلی تکه پراند اما بالاخره طاقت نیاورد و رک و راست به عمه‌ام گفت:

- خدا رو شکر کنین دختراتون بر و رو دارن و الا با این وضع

خونه زندگی و بی‌جهیزه گی حتماً روی دستتون می‌موندن.

مادرم خیلی از این حرف ناراحت شد و همان موقع بلند شد که برود به پدرم بگوید که نامزدی را بهم بزند که حاج خانم دستش را گرفت و قسمش داد که بنشیند" تو رو به عصمت فاطمه‌ی زهرا قسم، نشنیده بگیر! من به جای خواهرم از همه معذرت می‌خوام. والله اگه این نامزدی بهم بخوره، نمی‌دونم با سعید چکار کنم. به خدا توی این دو سال اونقدر خون توی دل من و حاجی کرد که فاطمه سهله، هر دختر دیگه‌ای هم بود من قبول می‌کردم".

و بالاخره در آن شب سرد و برفی من را با سلام و صلوات به خانه‌ی حاجی لرستانی بردند. نه از رقص و آواز خبری بود و نه کمترین شادی. پسر عمه‌ی سعید چند ماه قبل از آن شهید شده بود. به احترام او حتی یک هلهله هم کشیده نشد. تمام شب نوحه خوانی آهنگران پخش شد.

هنوز یک ماه از عروسی ما نمی‌گذشت که سعید به سربازی رفت. چند ماه اول خوب بود باز پشت جبهه بود اما بعد از دوران آموزشی بلافاصله فرستادنش خط مقدم. من مثل دیوانه‌ها شده بودم خواب و خوراک نداشتم. هر شب کابوس می‌دیدم. حاج خانم هم حال و روزش از من بهتر نبود. بارها گفته بود "سعید یه طرف، بچه‌های دیگه‌ام یه طرف؛ پسر اول یه چیز دیگه ست".

سر سلمان ۵ ماهه بودم که خبرشو آوردن.

عمه که تا آن زمان در سکوت اشک می‌ریخت نتوانست جلوی خودش را بگیرد و بغضش ترکید و با صدای بلند زیر گریه زند.

فاطمه چشمانش را بست و همانطور که سرش را به پشتی مبل تکیه داده بود گفت:

- منیژه جان، اون روز خوشم بود گریه‌ات رو بذار برای روزهای بدبختی‌ام.

عمه با هق هق گفت:

- فاطمه جون، به یاد خودم افتادم. من و حسین هم توی یه شب زمستونی بی‌هیچ جشن و ساز و رقصی عروسی کردیم.

مطمئن نبودم دوست دارم بقیه داستان را بشنوم. با خودم فکر کردم "ای کاش اصلاً امشب نیومده بودم. عزیز جون گفته بود برم پیشش. لااقل خونه‌ی آقاجون و عزیز از این جور داستان‌ها و غم و غصه خبری نیست. " از جا بلند شدم و ضمن گذاشتن استکان‌های خالی در سینی گفتم:

- عمه جون، چای بریزم؟

عمه با مهربانی به من خیره شد و لبخند زد:

- آره، دستت درد نکنه، مریم جون. اون ظرف میوه رو هم بی‌زحمت از توی یخچال بیار.

مادر مامانم را عزیزجون صدا می‌کردیم. عزیز با اینکه سنی ازش گذشته بود، اما خیلی شاد و سرحال و خوش پوش بود. از آخرین مدل مو و لباس و وسایل خانه و ماشین و ... خبر داشت. مامان همیشه در خریدهای مهم با عزیز مشورت می‌کرد.

عزیز یکی از بهترین دوستان من بود و از همه رازهای زندگی من خبر داشت با او راحت می‌شد در هر زمینه‌ای صحبت کرد. هیچوقت احساس نمی‌کردم که او یک زن مُسن است. خیلی امروزی فکر می‌کرد.

من زیاد به خانه عزیز می‌رفتم. گاهی اوقات با هم می‌نشینیم و آلبوم‌های دوران جوانی‌اش را ورق می‌زنیم. من غرق تماشای آن عکس‌های سیاه و سفید می‌شوم که برایم پر از رمز و راز است؛ عزیز در لباس‌های شیک و مد روز با آخرین مدل مو سر حال و خندان در خیابان، رستوران، پارک، کوه و دشت، با

بیکینی در سواحل دریای خزر...

یک روز ضمن ورق زدن آلبوم‌های عزیز گفتم:

- عزیز، راستش با این که به چشم خودم دارم این عکسا رو می‌بینم و تعریف‌های شما را می‌شنوم اما اصلاً باورم نمی‌شه که این واقعاً ایران بوده. یعنی شما این طور آزاد بودین هر چه می‌خواستین می‌پوشیدین و کسی نبود که بگه: «خانم حِجابتو درست کن، خانم آرایشتو پاک کن. خانم چرا جورابت نازکه؟..»

عزیز همین طور که با ترحم به چشمان من زل زده بود ناگهان به گریه افتاد. من هول شدم و با عجله پرسیدم:

- عزیزجون، چی شد؟ من حرف بدی زدم؟ رنجیدین؟

عزیز با کف دست گونه‌اش را پاک کرد و گفت:

- عزیز قربونت بره. نه، تو منو نرنجوندی. یه لحظه دلم به حالت سوخت.

- به حال من؟ آخه واسهٔ چی؟

- چون اصلاً نمی‌دونی لذت بردن از زندگی یعنی چی. چون از وقتی به دنیا اومدی توی این خراب شده یا انقلاب بوده، یا جنگ یا عزاداری. اصلاً جوونی نکردی. من و خواهرام توی سن تو که بودیم، نمی‌دونی چقدر خوش و سرحال بودیم، چه کارها که نمی‌کردیم. چقدر به آینده خوش بین بودیم. یاد اون دوران افتادم و دلم واسه‌ات سوخت واسهٔ تو و همه دخترای جوون توی این خراب شده.

آلبوم را ورق می‌زدم و به حرف‌های عزیز فکر می‌کردم که عزیز آهی کشید و گفت:

- جمع کن این آلبوم رو که حسابی دلم گرفت. پاشو این ماهواره رو روشن کن یه چیزی ببینیم دلمون باز شه.

از وقتی اولین دیش‌های ماهواره روی پشت بام خانه‌ها رفت،

توجه عزیز حسابی جلب شد. دایی مهدی که تازه رفته بود توی کار ماهواره، آمد و روی بالکن خانهٔ آنها دیشی نصب کرد و خوب پوشاندش که از بیرون دیده نشود.

عزیز مثل دختر بچه‌ای شیطان و بازیگوش لبخندی زد و با هیجان گفت: «تا آقاجونت نیومده بزنه کانال اخبار، بذار این سریالم رو ببینم.»

عزیز کانالی عربی انتخاب کرد و به آشپزخانه رفت و با دو استکان چای خوش رنگ و یک ظرف تخمه آفتاب گردان برگشت. روی مبل روبروی تلویزیون نشست و با دقت چشم دوخت به صفحه‌ی تلویزیون. گفتم:

- عزیز این سریال که به زبان اسپانیاییه، مگه چیزی می فهمین ؟

عزیز به تلویزیون خیره شده بود، معلوم بود صدای مرا اصلاً نمی‌شنود. بی‌آنکه رویش را برگرداند دستش را دراز کرد و گفت:

- قربونت، اون عینک منو از روی میز بده، زیر نویسش انگلیسیه خوب نمی‌بینم. امروز ماریا بالاخره می‌خواد به خوزه بگه که داره برای همیشه ترکش می کنه.

۴

ظرف میوه را روی میز گذاشتم. بعد سینی چای را جلوی آنها گرفتم و کنار عمه نشستم. عمه که قیافه‌ی گرفته‌ی مرا دید لبخند زد موهایم را بوسید و گفت: «این‌ها واقعیت‌های زندگی ان، نمیشه ازشون فرار کرد.»

به چشمان مهربان عمه نگاه کردم. از خودم خجالت کشیدم. سرم را روی شانه‌اش گذاشتم و دل سپردم به ادامه داستان فاطمه.

سلمان که به دنیا آمد داغ دل همه را تازه کرد. خانه دوباره شد عزاخانه. افسردگی بعد از زایمان کم بود، حالا هر روز عده‌ای از زن‌های فامیل و دوست و آشنا برای دیدن بچه می‌آمدند و شیون راه می‌انداختند. نه می‌توانستم غذا بخورم و نه بخوابم. دکتر گفته بود: «با این وضعی که داری باید داروی قوی اعصاب بخوری» این بود که از سه ماهگی سلمان را از شیر گرفتم. حالا با خوردن آن داروها کارم شده بود خوابیدن. حاج خانم می‌ترسید مرا با بچه تنها بگذارد می‌گفت: «یه وقت می‌اندازیش، یه بلایی سر بچه میاری، حواست به خودت نیست بده به من». از خدا می‌خواستم کسی بچه را بگیرد. از

کابوس زندگی‌ام به خواب پناه می‌بردم. سرم را که روی بالش می‌گذاشتم، آرزو می‌کردم دیگر بیدار نشوم. وقتی با صدای گریه‌ی سلمان بیدار می‌شدم و نگاهی به اطراف می‌کردم، همه چیز را به یاد می‌آوردم انگار تیری در قلبم فرو می‌کردند. به خودم می‌گفتم: «باز بیدار شدم، خدایا چرا منو هم با سعید نبردی؟»

واقعاً نمی‌دانم سلمان چطوری یک ساله شد، راستش هیچ خاطره‌ای در ذهنم نیست، نه دندان درآوردنش یادم است، نه نشستن و راه افتادنش و نه زبان باز کردنش. هیچ چیز. خدایی اگر حاج خانم نبود نمی‌دانم اصلاً سلمان می‌ماند یا نه.

با خوردن داروهای اعصاب و خوابیدن‌های طولانی، وزنم از بعد زایمان به جای پایین آمدن، بالا می‌رفت. دکتر می‌گفت باید تحرک داشته باشی، ورزش کنی، بیرون بری، زندگی‌ات تنوع داشته باشه و تا آنجا که می‌توانی سعی کنی شاد باشی و غصه نخوری. اما مگر می‌شد؟ حتی اگر می‌خواستم ورزش کنم مگر جایی بود؟ مگر زن یک شهید در آن محیط بسته که همه همدیگر رامی شناختند می‌توانست برود پیاده روی یا شنا؟ اصلاً نمی‌دانم در شهر ما استخر زنانه بود یا نه؟ اگر هم بود فامیل و دوست و آشنا چشم مرا در می‌آوردند.

حاج خانم از وقتی سعید شهید شده بود رفت و آمدش با خانواده‌های شهدا بیشتر شده بود. جمعه‌ها هم نماز جمعه رفتن ترکش نمی‌شد، دعای کمیل شب‌های جمعه، تشیع جنازه و مراسم عزاداری هم همین طور. هر جا هم که می‌رفت مرا دنبال خودش می‌کشاند. هر جا پا می‌گذاشتم غم و غصه بود و گریه زاری. می‌گفت: «بیا ببینی فقط تو نیستی که شوهرت شهید شده. دیدن درد دیگران باعث میشه درد خودتو فراموش کنی.»

با رفتن سعید، انگار خانواده‌اش، فامیل و دوست و آشنا جای مرا برایم مشخص کرده بودند؛ من زن یک شهید بودم که باید الگو و نمونه‌ی پاکدامنی، تقوی و ایمان باشم. حاج خانم می‌گفت: «تو دیگه فقط خودت نیستی، حالا چشم همه به توست. اگه پاتو کج بذاری اسم زن‌های شهدا خراب میشه، اگه چشم یه نامحرم بهت بیفته، تن اون جوان مرگم توی قبر می‌لرزه و اسم خانواده‌های شهدا میره زیر سوال. نمی‌گن فاطمه خلاف کرد می‌گن زن شهید لرستانی بود.»

دیگه خودم را نمی‌شناختم. احساس می‌کردم غریبه‌ای گذاشتند توی وجودم که اختیارم افتاده بود دستش. باور نمی‌کردم. این من بودم که پشت سر حاج خانم از این مجلس به اون مجلس راه می‌افتادم به نام همسر شهید لرستانی معرفی می‌شدم. باورم نمی‌شد این من بودم که بعضی از دخترهای جوان گریه کنان می‌گفتند: «خوش به سعادتی که نصیبت شده. کاش خدا این منت رو روی سر ما هم می‌گذاشت که همسر یه شهید باشیم"»

آنقدر از این حرف‌ها می‌شنیدم که گاهی اوقات باورم می‌شد و به خودم می‌گفتم: «شاید من بنده‌ی خوب خدام، شاید خدا لطف کرده که سعید شهید شده. شاید من از زن‌های دیگه که خوش و خرم در کنار شوهراشون زندگی می‌کنند برترم و اجرم در اون دنیا بیشتر.»

فاطمه آنقدر سرگرم تعریف کردن بود که آدم جرات نمی‌کرد حرفش را قطع کند. گلویش خشک شده بود. قندی برداشت و چایش را سر کشید و استکان خالی را در سینی گذاشت و تشکر کرد. با احتیاط پرسیدم:

- ببخشین خونواده‌ی خودتون چی؟ اون‌ها که انگار اعتقادی به این جور مراسم و برنامه‌ها نداشتن، بهتر نبود برین پیش اونا؟

فاطمه زهرخندی زد و گفت:

خاک بهش خبر نبره حاجی آقا. همان ماه‌های اول عروسی یه شب صدام زد و گفت: «ببین فاطمه، دیگه تو عروس خونواده‌ی لرستانی شدی. می‌دونی این یعنی چی؟» نمی‌دانستم چه جوابی بدهم. سرم را پایین انداختم و چیزی نگفتم. حاجی با صدای بلند محکم ادامه داد: «ها، معنی‌اش اینه که تو الان دیگه زن سعیدی و عروس من. توی خونه بابات هر کاری می کردی، دیگه تموم شده. این جا خونه‌ی یه مسلمان شیعه ست. توی این خونه ما روزی سه بار نماز می‌خونیم. سالی یه ماه روزه می گیریم. دوازده تا امام داریم که از جونمون بیشتر دوست شون داریم و حاضریم همه چی رو فداشون کنیم. ملتفتی؟ تو توی خونه‌ی بابات نماز می‌خوندی یا نه، روزه می گرفتی یا نه، خلاصه هر کاری می کردی دیگه تموم شده، از حالا به بعد طبق اعتقاد این خونواده عمل می کنی... چرا؟ چون دیگه عروس این خونواده ای، می‌فهمی چی دارم می گم؟» سرم را بیش‌تر خم کردم و چیزی نگفتم. حاجی با صدای ملایم تری گفت: «تو واسه‌ی من حالا دیگه مثل دخترامی، هیچ فرقی با سارا و سوسن و سحر نداری. اما بدون که اونا بدون اجازه‌ی پدرشون آب نمی‌خورن. می‌خوام اینو خوب توی گوش‌ات فرو کنی. چون آبروی تو یعنی آبروی حاجی لرستانی.»

از آن به بعد هر بار که می‌خواستم به خانه‌ی خودمان بروم حاج خانم اخمش در هم می‌رفت. اوایل می گفت: «خب برو اما زود برگرد» چند ماه بعد بهانه می‌آورد که: «دختر، این طوری دو هوا میشی، اون جا یه طوره، این جا یه طور دیگه. کمتر بری به نفع خودته». مادرم گه گاهی سری می‌زد اما زیاد نمی‌نشست. هر بار بهانه‌ای می‌آورد و زود بلند می‌شد. می گفت: «همین که ببینم اوضاع احوالت خوبه، خورد و

خوراکت به موقع‌ست برام کافیه».

عروسی خواهرم هم با حاج خانم مثل غریبه‌ها رفتم شام خوردم و بلند شدم. می‌دانستم فامیل‌ها پشت سرم می‌گفتند: «جای خوب شوهر کرده افاده‌اش بالا رفته عارش میاد سر سراغ خانواده‌اش رو بگیره».

با شهید شدن سعبد، وضع بدتر شد؛ حالا چپ می‌رفتم راست می‌رفتم حاج خانم می‌گفت:"«این در شأن یه زن شهید نیست، اون در شأن یه زن شهید نیست». راستش بابام هم در آن روزهای جنگی که هر روز گرانی بیش‌تر می‌شد آن قدر گرفتار زندگی‌اش بود که حال و حوصله‌ی غم و غصه‌ی مرا نداشت. از خدا می‌خواست دخترها را یکی بعد از دیگری شوهر بدهد که بروند و پشت سرشان را هم نگاه نکنند. البته مادرم خیلی غصه‌ام را می‌خورد. هر بار که مرا می‌دید خیلی گریه می‌کرد اما کاری از دستش برنمی آمد.

سلمان تازه راه افتاده بود که یک بار برده بودمش خانه‌ی خودمان. از پله افتاد کمی از پیشانی‌اش خون آمد. حاج خانم وقتی دید از حال رفت بعد از آن گفت: «هر وقت خواستی بری بچه رو بذار پیش من. تو حواست بهش نیست یه بلایی سرش می‌آمد.» می‌دانست امکان نداشت تنهایی از خانه بیرون بروم این بود که تقریباً از خانه‌ی پدرم پا بر شدم. اما سال دوم سعید که رفت یه شب بچه را بغل زدم و با همان چادر نماز که توی خانه سرم بود رفتم خانه‌ی پدرم.

عمه دوید وسط حرف فاطمه و با دلسوزی و نگرانی انگار تمام آن اتفاقات الان در حال رخ دادن است یا انگار داشت فیلمی را با دقت دنبال می‌کرد، شتاب زده گفت: «می‌خواستن شوهرت بدن؟»

فاطمه با سر حرف عمه را تأیید کرد و ادامه داد:

چند وقتی بود که حاج خانم زیرگوشم می‌خواند: «هر کس می‌رسه می‌گه ماشاالله فاطمه هر روز خوشگل‌تر میشه. واللـه گناه داره این زن جوان از حالا بیوه شده».

من محل نمی‌گذاشتم. داروهای اعصاب حسابی چاقم کرده بود. مردم منطقه ما هم که چاقی را نشانه‌ی قشنگی می‌دانند.

تا این که سر سالِ دوم سعید که رفت یک شب حاج خانم آمد اتاقم. بعد از کمی مقدمه چینی گفت: «فاطمه جان تو جوانی، خوشگلی. نمیشه که تا آخر عمرت بیوه بمانی. باید یه فکری بکنیم. این طوری نمیشه. ولله روز نیست که این حاج خانوما به من گوشزد نکنن که باید فکری به حال فاطمه کرد. ماشاالله بر و رو داره. گناه داره بیوه بمانه».

نمی دانستم چه بگویم. با رفتن سعید انگار روح از بدن من هم رفته بود نه فقط از اسم مرد که از زندگی خودم هم سیر بودم. حاج خانم حال و روز مرا می‌دید که بدون قرص خواب تا صبح پلک نمی‌زدم، از پس سلمان برنمی آمدم، این‌ها کم بود حالا به فکر شوهر دادن من هم افتاده بود. همین را به خودش گفتم. نگذاشت حرفم تمام شود، برگشت گفت: «همه‌ی این‌ها درست میشه. خدا مصیبت میده، تحملش رو هم میده. اگه به مرد دیگه‌ای دل ببندی دوباره میل به زندگی پیدا می‌کنی. منتها کسی که لیاقت داشته باشه جای سعید رو بگیره...» حاج خانم همین طور گفت و گفت. معلوم بود کسی را زیر سر داشت. اما باور نمی‌کردم او که عاشق سعید بود، او که سلمان را از جانش بیشتر دوست داشت بتواند تحمل کند که من زن کسی بشوم. از سر کنجکاوی گفتم: «مثلاً کی؟»

حاج خانم توی چشمام خیره شد و گفت: «حمید!»

اول منظورش را نفهمیدم. در ذهنم کسی به نام حمید نمی‌شناختم که شوهر من شود.

با تعجب پرسیدم:

- حمید؟ حمید کیه؟

حاج خانم گفت:

- وا، حمید خودمون دیگه.

تازه متوجه شدم. اتاق دور سرم چرخید. حمید؟ برادر سعید؟ یعنی من بشم زنِ برادر سعید که مثل برادر خودم به او نگاه می‌کرد؟ امکان نداشت.

عرق سردی به تنم نشست و دلم از حال رفت. به پشتی تکیه دادم. حاج خانم برایم آب قند آورد و پشتم را مالید. دیگر چیزی نگفت. چند روز بعد از آن هم، اصلاً انگار نه انگار بین ما صحبتی شده بود. من امیدوار شدم که خودش متوجه شده حرفش تا چه حد بی‌جا بوده است.

۵

حمید قد بلند و هیکلی بود، نترس و کله شق و اهل کتک کاری. با سعید زمین تا آسمان فرق داشت. هر چقدر که سعید آرام و صبور بود، حمید پر سر و صدا و شلوغ. خیلی هم متعصب؛ چه روی اعتقاداتش و چه روی خانواده‌اش. یک بار که سوسن رفته بود خانه‌ی یکی از دوستانش بی‌آنکه ازحاج خانم اجازه بگیرد، حمید که فهمید حسابی کتکش زد.

همه‌ی جوان‌های محله ازش حساب می‌بردند. می‌دانستند اگر دست روی کسی بلند کند تا خونین و مالینش نکند کوتاه نمی‌آید. بچه‌های بسیجی خیلی به او احترام می‌گذاشتند و حاج حمید صدایش می‌کردند. با شهید شدن سعید، حالا احترامش بیشتر هم شده بود. از همان دوران مدرسه بسیجی بود و برای امر به معروف جوانان می‌رفت. برایمان تعریف می‌کرد که چطور روزه خوارها را می‌گرفتند کتک می‌زدند، چطور جلوی زن‌های بی‌حجاب را می‌گرفتند، چطور سر به زنگاه می‌ریختند توی خانه‌هایی که پارتی داشتند. چطور توی پارک دختر و پسرها را از هم جدا می‌کردند و بعد از پرس و جو اگر

فهمیدند که با هم فقط دوستند، حسابشان را می‌رسیدند.

بعد از گرفتن دیپلم هر چند وقت یکبار به جبهه می‌رفت. حاج خانم از کله شقی‌اش خیلی می‌ترسید. بارها قسمش داده بود درس بخواند و دانشگاه قبول شود. امیدوار بود حمید با درس مشغول شود و هوس جبهه رفتن از سرش بیفتد اما او می‌گفت: «تا این بعثی‌های بی‌شرف توی خاکمون هستن وظیفه‌ی جوانان فقط جنگیدنه.»

من اصلاً با حمید راحت نبودم. اگر برادر سعید نبود امکان نداشت جواب سلامش را هم بدهم. حالا چطور می‌توانستم زنش بشوم حتی اگر فراموش می‌کردم که برادر کوچک سعید است؟

اما خانواده‌ی لرستانی خودشان بریدند و دوختند. می‌گفتند: «جوانی و بر رو داری نباید بیوه بمانی برایمان حرف درمیارن.» حاج خانم می‌گفت: «حمید قسم خورده اگه روزی روزگاری کسی چپ به تو نگاه کنه، با چاقو تکه تکه‌اش کنه. به خدا قسم می‌ترسیم کسی از سر دشمنی حرفی بزنه، این هم غیرتیه کار دست خودش بده». از آن طرف هم می‌گفت: «ما رسممون نیست بیوه از خانواده بیرون بره. سعید رفته باید بشی زن حمید و الا به هرکسی که شوهر کنی حمید با چاقو تکه تکه‌اش می‌کنه.»

هر چقدر قسم می‌خورم که من بعد از سعید دیگه شوهر بکن نیستم. حاج خانم دست بردار نبود که نبود. می‌گفت: «حتی اگه نخوای شوهر کنی تا آخر عمر باید گوش تیز کنیم نکنه کسی پشت سرت حرف بزنه، یه نفر باید اسیر تو باشه که هیچ وقت تنها نباشی. من کی رو دارم که مرتب دنبالت باشه؟»

آنقدر گفت تا طاقتم طاق شد، سلمان را برداشتم و رفتم خانه‌ی پدرم. شاید کسی به دادم برسد. همه چیز را برای مادرم

تعریف کردم. خیلی ناراحت شد اما کاری از دستش برنمی آمد. دلداری‌ام داد و گفت: «حالا غصه نخور، با بابات حرف می‌زنم ببینم چه می گه.» هنوز دو سه روز نگذشته بود که غرغر بابام درآمد؛ سلمان که گریه می کرد داد می‌زد: «این دختر خودش مگه خانه نداره، این نان خورها کم ان؟ حالا باید صغیر یکی دیگه رو بزرگ کنم؟» نمی‌دانستم چه کار کنم. نه خانواده‌ای داشتم که پشتم بایستد و ازم طرفداری کند، نه جایی داشتم که بروم.

چند روز گذشت. حاج خانم آمد دنبالم. مادرم گفت: «حالا که اومده دنبالت، پاشو سنگین و متین برو خونه‌ات. خودت می‌بینی کسی رو نداری که پشتت وایسه. بی‌خودی با خانواده‌ی شوهرت رو در رو نشو. هر کاری می گین بکن. اونا خیر و صلاح تو رو می‌خوان. خدا رو شکر کن که بعد شوهرت با یه بچه آواره نشدی. سقفی روی سرت هست، جات امنه. شکمت سیره. مگه چی ازت خواستن؟ می‌خوان بیوه نمانی، مگه بده؟ برو خدا رو هم شکر کن که به فکرت هستن».

تولد دو سالگی سلمان بود که رفتیم محضر. فردایش هم من و حمید رفتیم مشهد.

حاج خانم خیالش از بابت حمید راحت شده بود. می گفت: «خدا رو شکرا می‌ترسیدم حرف مردم بالاخره کار دست این جوون بده. حالا که زن داره و سر و سامون گرفته، پناه بر خدا، شاید این جبهه رفتن هم از سرش بیفته همین جا پا بگیره و کمک حال حاجی بشه».

حالا سلمان که مرتب حمید را می‌دید، حسابی به او عادت کرده بود. حمید که می‌خواست از خانه بیرون برود گریه زاری راه می‌انداخت و وقتی به خانه برمی گشت سلمان از کنارش تکان نمی‌خورد. حمید هم عاشقانه او را دوست داشت. اما حتی

علاقه‌اش به سلمان باعث نشد کنار ما بماند. هشت ماه از ازدواج ما نمی‌گذشت که باز هم ساکش را بست و خداحافظی کرد.

تنها بعد از رفتنش فهمیدم حامله هستم. تمام نگرانی‌های دوران حاملگی سر سلمان برگشت. دلشوره‌ای عجیب به دلم افتاده بود. حس می‌کردم دیگر برنمی گردد. فکر می کردم مثل سعید شهید می‌شود. دوباره از خواب و خوراک افتاده بودم. نمی‌توانستم داروی اعصاب بخورم هیچ چیزی دیگری هم کمک نمی‌کرد.

برایش نامه نوشتم و قسمش دادم که هر چه زودتر برگردد. با نامه‌ها و اصرار من و حاج اقا و حاج خانم بالاخره برگشت و قول داد که دیگر به جبهه نرود. واقعاً هم نرفت. همان تابستان جنگ تمام شد. وقتی حمید شنید که ایران قطع نامه را قبول کرده است خیلی ناراحت شد. چند روز از گوشه‌ی اتاق جنب نخورد. می گفت: «پس چی شد شعار جنگ جنگ تا پیروزی؟ کی بود می گفت اگه این جنگ بیست سال طول بکشه ما ایستاده‌ایم؟ پس چی شد؟ چرا با این بعثی‌ها صلح کردن؟ چرا خون شهدا رو پایمال کردن؟»

اما من خوشحال بودم که بالاخره جنگ تمام شد. حالم کمی بهتر شده بود. سعی می کردم فکرهای بد نکنم، شاد باشم، به سلمان فکر می کردم به طفلی که توی شکمم بود، به خودم می گفتم به خاطر این دو تا باید زنده بمانم باید شاد باشم.

سمیه که به دنیا آمد حالم بهتر شد، وزنم پایین می‌آمد، تحرکم بیشتر شده بود، آرام آرام وضع روحی‌ام بهتر می‌شد احساس می کردم دارم می‌شوم همان فاطمه قبل. ترس و نگرانی‌ام کمتر شده بود.

حالا گه گاهی چیزی می‌دوختم. از کار خودم لذت می‌بردم.

مهمانی می‌دادم و مهمانی می‌رفتم. امید به زندگی دوباره دلم را گرم کرده بود. درست است که یاد سعید مثل ماری بود که مرتب قلبم را نیش می‌زد اما به خودم می‌گفتم: «لابد روح‌اش شاده که توی این خونواده موندم. مطمئنم همه چی رو می‌فهمه. می‌دونه که از سر هوس دوباره شوهر نکردم. خودش خبر داره که حمید فقط یه سایه سره واسه من و یه پدر برای سلمان و هیچ وقت نمی‌تونه جای سعید رو توی قلبم بگیره. خودش از همه چیز خبر داره.»

حاج خانم می‌گفت: «سلمان مثل سیبی ایه که با باباش نصف کرده باشی». راست می‌گفت خیلی شبیه عکس‌های بچگی سعید بود. می‌گفت کارهای سلمان و حرف زدنش هم درست مثل بچگی‌های خود سعیده.

حاج خانم سلمان را غرق بوسه می‌کرد، اشک می‌ریخت و می‌گفت: «خدا رو شکر. درسته که سعیدم رو گرفت اما عینشو بهم برگردوند».

همه چیز داشت خوب پیش می‌رفت، آرام آرام به نبودن سعید و زندگی جدیدم عادت می‌کردم. هنوز سمیه دو سالش نشده بود که آن اتفاق افتاد.

حمید بعضی اوقات با دوستانش برای ماهیگیری به رودخانه‌ی سمیره می‌رفت و هر بار هم کلی ماهی می‌آورد. با لذت از ماهی گیری تعریف می‌کرد. می‌گفت خیلی هیجان دارد. اما ما نمی‌دانستیم که با خودشان دینامیت برمی‌داشتند. طبق آنچه دوستانش بعداً برایمان تعریف کردند آخرین بار وقتی حمید چاشنی روی دینامیت‌ها رو تنظیم می‌کرده منفجر می‌شود و دو تا دست حمید قطع و صورتش متلاشی می‌شود. شاید اگر فاصله رودخانه تا بیمارستان آنقدر دور نبود، حمید زنده می‌ماند. نمی‌دانم شاید هم خواست خدا بود و این سرنوشتش.

عمه آه کشید. روی پای راستش زد و گفت الله اکبر. «اللهی بمیرم برات با این سرنوشتت!»

باورم نمی‌شد دارم داستان زندگی واقعی زنی را از زبان خودش می‌شنوم. آرزو می کردم ای کاش این فقط یک فیلم غمگین باشد. اما فیلم نبود. فاطمه، هی و حاضر آنجا روی مبل نشسته بود در پیراهن بلند مشکی و تراژدی زندگی‌اش را برای ما تعریف می کرد.

عمه بعد از کمی سکوت گفت: «اللهی بمیرم فاطمه جون، چی کشیدی تو! با دو تا بچه‌ی بی‌پدر!»

فاطمه آه کشید و ادامه داد:

- بچه‌های یتیم نصف بدبختی‌ام بود. حرف مردم! زخم زبان حاج خانم و زن‌های فامیل! خاله‌ی حمید توی مراسمش داد می‌زد که: «الهی پام خرد می‌شد نمی‌رفتم خواستگاری اون دختر سیاه قدم. چه می‌دانستم که این طوری سرخوره و سر دو تا جوان رعنای این خونواده رو می‌خوره.»

عمه با دهن باز و چشمای سرخ از گریه و گرد شده از تعجب چند ثانیه‌ای به فاطمه مات شد تا بفهمد سرخور یعنی کی. بعد با صدایی کشیده گفت:

- پس طلبکار هم شدن؟.. تو رو به زور دادن به یه... خدا رحمتش کنه، خاک بهش خبر نبره، به یه بچه شر و شور که آروم و قرار نداشته، بعد طلبکار هم شدن!؟

فکرش را بکن در آن شهر کوچک این اسم مثل باد پخش شد. حالا همه می گفتند من بد قدمم، شومم. در بین دوست و آشنا و فامیل کسی برای عروسی دعوتم نمی کرد، جرات نمی کردم برای چشم روشنی تولد بچه‌ای پایم را در خانه‌ی کسی بگذارم، یا از بچه‌ای تعریف کنم، یا به کسی درست حسابی نگاه کنم. آدم تازه‌ای شده بودم. بعضی اوقات خودم هم باورم

می‌شد که شومم، بد قدمم. حتی می‌ترسیدم نکنه بلایی سر سلمان و سمیه بیاد، نکنه من سر این دو تا رو هم بخورم؟

واقعاً اعتماد به نفسم را از دست داده بودم. دست پاچه می‌شدم. تا کسی را می‌دیدم هول می‌کردم. تکلیف خودم را نمی‌دانستم. حسابی گوشه گیر شدم. این طوری راحت‌تر بودم.

مرگ حمید حاج خانم از پا در آورد. سه ماه از توی رختخواب بلند نشد. بعد از آن هم انواع و اقسام مریضی‌ها یکی بعد از دیگری از راه رسید. در آن سه ماه من جرات نمی‌کردم از جلوی اتاقش رد شوم. رک و راست گفته بود: «نمی خوام چشمم توی چشم فاطمه بیفته.» تمام دلخوشی‌اش شده بود دیدن سلمان.

۶

هنوز سال حمید نرفته بود که یک روز حاجی صحیح و سالم از خانه رفت بیرون و دیگر برنگشت؛ در مغازه سکته کرده بود. حاج خانم آنقدر بد حال شد که حتی نتوانست در مراسمش شرکت کند. از پشت پنجره سری به او می‌زدم می‌دیدم همین طوری توی تاریکی مات شده به یک گوشه ای. سلمان و شیرین زبانی‌هاش هم تا مدت‌ها نمی‌توانست حالش را تغییر دهد. تا این که بالاخره آرام آرام از جا بلند شد با موهای کاملاً سفید شده و پشت خمیده. حداقل ده سال پیرتر شده بود. دیگر پایش را از خانه بیرون نمی گذاشت. دیگر از آن حاج خانم فعال که امکان نداشت یک هفته نماز جمعه نرود، خبری نبود. داغ پشت داغ از پا درش آورده بود. یک پایش دکتر بود یکی خانه. اخلاقش به شدت عوض شده بود. عصبی، زود رنج، کم تحمل. انگار واقعاً باورش شده بود که مسئول این مرگ‌های پشت سر هم من بودم.

با مرگ حاجی احساس کردم یک باره همه چیز روی دوش من گذاشته شد. سارا و سوسن که مشغول زندگی خودشان

بودند و از شهر ما دور. فقط هر چند هفته یکبار می‌توانستند سری به حاج خانم بزنند. سحر و وحید (آخرین بچه‌ی خانواده) هر دو مدرسه می‌رفتند نیاز به مراقبت داشتند. حالا شده بودم مادر چهار تا بچه. کارهای خانه و آشپزی پخت و پز و نظافت و خرید یک طرف، رسیدگی به حاج خانم و تحمل اخلاقش و نق نق‌هایی که به جانم می‌زد، یک طرف. موقعیت ساده‌ای نبود. اما یک چیز دیگری هم تغییر کرده بود؛ دیگر آقا بالاسر نداشتم که گوش به زنگ باشد آیا کسی نگاه چپ به من انداخته تا شکمش را سفره کند. دیگر کسی نبود که بگوید نمی‌توانی به خانواده‌ات سر بزنی. همه‌ی مسئولیت‌های زندگی با خودم بود. حتی مجبور بودم به دنبال کارهای انحصار وراثت و این جور برنامه‌های حاجی خدابیامرز هم بیفتم. از طرف دیگر، در آن شهر کوچک حالا همه می‌دانستند که من سر دو تا شوهر را خورده‌ام کسی جرات نمی‌کرد به فکر پیدا کردن شوهر برای من باشد. این باعث می‌شد خودم را آزادتر حس کنم. سنگینی نگاه این و آن اذیتم نمی‌کرد.

فاطمه لبخندی زد و گفت: سرتونو در آوردم ببخشین.

من گفتم: «نه خواهش می‌کنم. خیلی هم جالبه. راستش داستان زندگی شما خیلی شبیه یه قصه است، یه فیلم تلخ. باورم نمیشه خود شما روبروم نشستین و دارین زندگی تونو تعریف می‌کنین.»

فاطمه آهی کشید و گفت: خودم هم بعضی اوقات تعجب می‌کنم که اون موقع چطور می‌تونستم تحمل کنم. واقعاً دوران سختی بود. بیشتر بی‌کسی و تنهایی عذابم می‌داد. کسی نبود دو کلمه براش درد دل کنم. خواهرام که هر کدام یه مشکلی داشتن؛ یکی شوهرش معتاد بود اون یکی هر روز سر خرجی کتک کاری داشت، سومی شوهرش بیکار بود خلاصه هر کدام

گرفتار زندگی خودشان بودند تا می‌خواستم دو کلمه حرف بزنم می‌گفتند: «برو خدا رو شکر کن شوهر نداری، برو خدا رو شکر کن نگران نیستی چطور شکم بچه‌هاتو سیر کنی.» از طرف خانواده شوهرم هم که همه طلبکار بودند فکر می‌کردند واقعاً من مقصرم چه برسد که بخواهند بشینن پای درد دلت از تنهایی درت بیارن.

سحر که دانشگاه قبول شد تنهایی حاج خانم هم بیشتر شد حالا هر سه دخترش از او دور بودند. حتی تنهایی‌اش هم باعث نشد به من روی خوش نشان دهد یا مرا به اتاقش راه بدهد و بخواهد مرا ببیند. مجبور شدیم پرستاری برایش بگیریم که مرتب در خانه باشد که اتفاقاً خیلی به نفع من شد چون تمام کارهای مربوط به حاج خانم را می‌کرد در ضمن زن خوش روحیه و سرحالی بود. شد همدم من. حالا هم کارم کمتر شده بود و هم این که دیگر به شرایط زندگی‌ام عادت کرده بودم.

عمه با خوشحالی می‌پرسد: «واسه همین تصمیم گرفتی درس بخونی؟»

سالی که سحر برای دانشگاه درس می‌خواند من هم تشویق شدم. خیلی وقت بود خوردن قرص‌های آرامش بخش را کنار گذاشته بودم نمی‌شد قرص خورد و چرت زد و به آن چهار تا بچه و زن مریض رسید. شاید باور نکنی منیژه جون، اما واقعاً کار زیاد و مشغول بودن، شد بهترین دارو. آنقدر سرم گرم بود که فرصت فکر کردن، به یاد آوردن گذشته، غصه خوردن و دلسوزی برای خودم، باقی نمی‌ماند. کارهایم که تمام شد آنقدر خسته بودم که سرم را روی بالش نگذاشته، خوابم می‌برد. صبح با اکراه از خواب بیدار می‌شدم خودم هم خنده‌ام می‌گرفت یک روزی حتی با قرص خواب هم نمی‌توانستم درست حسابی بخوابم.

راستش کسی دور و برم نبود که به او تکیه کنم، مجبور بودم روی پای خودم بایستم. چهار تا بچه قد و نیم قد به من احتیاج داشتند. انگار پناه می‌برم به خودم و به دنبال نیرو می گشتم. جالب این جاست که هر چه زمان می گذشت خستگی را کمتر حس می کردم، انگار آدم به هر شرایطی عادت می کنه.

عمه می‌پرسد:

- کی بود از طرف بنیاد واسه مشاوره فرستاده بودنت؟

- درست بعد از مرگ حمید بود. خیلی بهم فشار می‌آمد. اصلاً مرگش مثل یه شوک بود چون به هیچ وجه انتظار نداشتم. می‌دونی، باز وقتی سعید شهید شد بالاخره توی جبهه بود و روزهای عملیات. ناخودآگاه آدم انتظار هر چیزی رو داره اما حمید وقتی کشته شد که همه می گفتن: «خدا رو شکر جنگ هم تموم شد و جبهه رفتن از سر حمید افتاد» این بود که مرگش خیلی واسه‌ام ناگهانی بود. تازه این تمام مصیبت نبود. وقتی از هر طرف اسم سرخور روم گذاشتن دیگه داغون شدم. اصلاً کارم کشید به خودکشی. همون موقع بود که از طرف بنیاد فرستادنم این جا.

- آره از اون منطقه زن‌های زیادی می‌اومدن... انگار تو یه مدت هم بستری شدی؟

- آره چند هفته‌ای بستری شدم. داروهای خیلی قوی بهم می‌دادن. اصلاً شده بودم عین دیوانه‌ها. گفتم که. بعد که رفتم خانه فکر کردم خودم، دور از جان شما که می‌شنوی، به جهنم، این چهار تا بچه‌ی معصوم چه گناهی کردن که این طور ویلان و سرگردان شدن. این بود که خیلی سعی کردم، خیلی پوست کلفتی به خرج دادم، خیلی چیزها را نادیده گرفتم، خیلی حرفا رو نشنیده گرفتم، تا خدا کمک کرد و آرام آرام دوباره حالم خوب شد. واقعاً اگر اون احساس ترس به خاطر بچه‌ها نبود

یا خودکشی کرده بودم یا تا حالا با اون داروهای اعصاب از پا درآمده بودم.

- خدا کمکت کرده. خب خون کُردی هم توی رگ‌هات بوده. خوش غیرت بودی. شیرزن!

- نه بابا اختیار داری.

- جدی می‌گم. اون همه مشکلات و مسئولیت داشتی، تازه تصمیم گرفتی درس هم بخونی.

می دیدم سحر چطور برای دانشگاه درس می‌خواند در من هم انگیزه بوجود آورده بود. بعضی از زن‌های شهدا همین کار را کرده بودند فکر می‌کردم چرا من نتوانم؟ سلمان که مدرسه رفت سمیه را هم گذاشتم مهد کودک. کلاس کنکور ثبت نام کردم. هر روز از ۸ صبح تا ۱۲ می‌رفتم سر کلاس. خیالم هم از بابت حاج خانم راحت بود.

حالا حسابی وقتم پر شده بود. بعد از ظهرها باید به کارهای خانه می‌رسیدم. به درس مشق سلمان و به درس‌های خودم. اما احساس می‌کردم حالم هر روز بهتر و بهتر می‌شد. انگار فکر می‌کردم دارم کار مهمی می‌کنم. دیگر واقعاً وقت سر خاراندن نداشتم چه برسد به فکر و خیال و گوش دادن به حرف و حدیث‌های دیگران.

آن سال وحید هم برای کنکور می‌خواند. وقتی می‌دید بعد از یک روز پرکار، آخر شب تازه شروع می‌کردم به درس خواندن، او هم تشویق می‌شد و می‌نشست به خواندن. تا اینکه بالاخره هم، هر دو قبول شدیم. او مهندسی پلی تکنیک، من هم علوم اجتماعی دانشگاه تهران. با هم آمدیم برای ثبت نام. اما من نماندم. مرخصی گرفتم. امسال سمیمه هم رفت مدرسه دو تا بچه‌ی مدرسه رو و یک حاج خانم مریض. اما خیلی خوشحالم. خیلی‌ها تعجب کردند. بعضی‌ها هم گفتند: «چقدر بیعاری، هر

کی به جای تو بود تا حالا صد تا کفن پوسانده بود چه دل خوشی داری؟»

اما من گوشم از این حرف‌ها پره. دیگه امکان نداره بذارم کسی حالمو با این حرف‌ها بگیره. امسال سحر هم رفت خانه‌ی بخت خیالم راحت شد.

من می‌مانم و بچه‌های خودم. الحمدلله هر دو می‌رن مدرسه. من هم که انتقالی بگیرم سه تایی می‌شینیم به درس خواندن. شاید خنده داره اما احساس می‌کنم منبع انرژی پیدا کردم باورم نمی‌شود که روزی آن چنان درمانده بودم و پناه برده بودم به قرص‌های اعصاب و خوابیدن برای فرار از کابوس زندگی‌ام. واقعیت زندگی‌ام تغییر نکرد من تغییر کردم. حالا می‌بینم که زندگی آنقدرها هم تلخ نیست. راستش حتی شیرینه. یه روزی من دست به خودکشی زدم چون دیگر تحمل هیچ چیزی را نداشتم اما حالا، راستش از زندگی‌ام حتی لذت می‌برم.

فاطمه سکوت کرد. سال‌ها از جنگ می‌گذشت. حرف‌های زیادی شنیده بودم، فیلم‌های زیادی دیده بودم. اطرافیان، دوست و آشنا و فامیل طوری از جنگ حرف می‌زدند انگار به آنها ربطی نداشته و ندارد. خودشان را از خانواده‌های شهدا و اسرا و آواره‌های جنگی دور احساس می‌کردند؛ آنها را از جنس دیگر، از دنیایی دیگر. از فرهنگ دیگر می‌دانستند.

اما حالا من به فاطمه نگاه می‌کردم، زنی که ناخواسته درگیر جنگ شده بود، زیر سنگینی آن تا مرز خرد شدن پیش رفته اما شجاعانه پیروز شده بود. به خودم گفتم: «آیا می‌شود نسبت به او بی‌تفاوت بود و گفت از جنس دیگری ست؟ آیا می‌شود اراده‌اش را تحسین نکرد و به او احترام نگذاشت؟» احساس کردم او را خیلی وقت است که می‌شناسم. انگار خودی بود.

او را دوست داشتم.

اولین زمستانی بود که من و علی با بچه‌ها به دیزین می‌رفتیم. قبل از آن، معمولاً بابا، ما را می‌برد.

صبح جمعه خیلی زود از خواب بیدار می‌شدیم و در تاریکی به راه می‌افتادیم تا بتوانیم قبل از ساعت ۹ و باز شدن پیست خودمان را به دیزین برسانیم.

بابا اسکی نمی‌کرد، اما من و علی معمولاً وقتی برف خوب بود، تا بسته شدن پیست، پایین نمی‌آمدیم.

هر سال با سرد شدن هوا، منتظر بودیم خبر باز شدن پیست و شروع فصل اسکی را بشنویم. اصرار عجیبی داشتیم که اولین جمعه شروع فصل اسکی، حتماً آن جا باشیم. یک حس خوبی بود؛ هم هیجان شروع تجربه‌ای جدید، هم دلتنگی برای تمام آن روزهای خوش کودکی و نوجوانی که در گوشه گوشه‌ی آن پیست گذرانده بودیم؛ آن دوستی‌های ساده و بی‌غل و غش، مسابقه گذاشتن و لذت برنده شدن، باختن و طعم تلخ شکست وحسادت، دوران نوجوانی با عشق‌های پاک و معصومانه اش...

درست به یاد دارم زمستانی که کلاس سوم راهنمایی بودم؛ در دیزین با پسری به نام آریا آشنا شدم. چهار سال از من بزرگ‌تر بود با موهای خرمایی و چشم‌های روشن و لبخندی شیرین.

مادرش آلمانی بود و پدرش ایرانی که برای سفارت آلمان در تهران کار می‌کرد. پدرش همیشه او را با اسم کاملش آریابد صدا می‌کرد.

آریا به نظرم جذاب ترین و مودب ترین موجود روی زمین می‌رسید. وقتی با لهجه آلمانی حرف می‌زد من زمان و مکان را فراموش می‌کردم.

این تنها من نبودم که چنین احساس داشتم. خیلی از دخترهای هم سن و سال من که برای اسکی می‌آمدند، جذب او شده بودند. برای اولین بار بود که متوجه رقابت زنانه برای جذب یک مرد می‌شدم، تلاش برای زیبا جلوه کردن و قدرت عشوه گری.

برای اولین بار بود که به نقش و اهمیت لباس و آرایش دخترها و ناز و کرشمه آنها فکر می‌کردم و عصبی می‌شدم. به نظرم خجالت آور می‌رسید که دختری برای جلب توجه پسر مورد علاقه‌اش آرایش کند، عشوه بیاید، نقشه بریزد تا او را تور بزند.

از این که آریا با چنین دخترانی کاملاً مودبانه برخورد می‌کرد، به حرف‌های بی‌اهمیت‌شان توجه می‌کرد و دعوت‌شان را برای پارتی قبول می‌کرد، حرص می‌خوردم و دلم برای سادگی‌اش می‌سوخت. اما اصلاً به روی خودم نمی‌آوردم. مغرورتر از آن بودم که بخواهم جلب توجه کنم و در این رقابت مسخره شرکت کنم. اما خیلی سعی می‌کردم در پیست خودم را نشان دهم، مسابقه که می‌گذاشتیم خودم را می‌کشتم تا از علی عقب نمانم که اسکی‌اش واقعاً خوب بود.

آن روز را درست به یاد دارم؛ بعد از چند ساعت اسکی در رستوران نشسته بودیم، غذا می‌خوردیم و به جوک‌هایی که بچه‌ها تعریف می‌کردند، می‌خندیدیم. من و آریا کنار هم

نشسته بودیم یک لحظه متوجه شدم که به من خیره شده است نگاه مان به هم گره خورد حس خیلی قشنگی بود. آریا سرش را جلو آورد و در گوشم گفت: «تو یکی از زیباترین دخترهایی هستی که توی عمرم دیدم». قلبم لرزید. سرم شروع کرد به گیج رفتن. احساس می کردم روی ابرها پرواز می کنم.

تا هفته بعد از نشئه‌ی آن حرف آریا خمار بودم که به نظرم زیباترین جمله، بلکه مقدس ترین حرفی می‌رسید که در تمام عمرم شنیده بودم. برای رفتن به دیزین و در واقع دیدن آریا لحظه شماری می کردم. اما آن جمعه هر چقدر منتظر شدم از او خبری نشد. با آن که هوا عالی و برف فوق العاده بود اما اصلاً حوصله‌ی اسکی نداشتم و تمام روز اخم کرده بودم. حتی مامان نگران شد مبادا مریض شده باشم.

آن شب سر شام، علی چیزی در مورد آریا گفت. مامان که ظاهراً به یاد مطلبی افتاده بود زد زیر خنده.

معمولاً پدر مادرها یی که مرتب بچه‌هایشان را به دیزین می‌آوردند با هم آشنا می‌شدند، برای وقت گذرانی با هم غذا می‌خوردند و صحبت می کردند.

مامان گفت:

- عجب شیطونیه این پسره. امروز خانم طبیب زاده با فیس و افاده داشت تعریف می کرد که: "خبر ندارین! این پسر آلمانیه از گلرخ من چقدر خوشش اومده برگشته بهش گفته: «تو یکی از زیباترین دخترهایی هستی که من تا حالا دیدم...»" خانم زمانی از آن طرف پرید وسط حرفش که: «واه، واه! عجب مار خورده‌ای این پسر دو رگه! فکرشو بکن، برگشته به مهتاب هم یه چیزی مثل این گفته، دختر خر من هم فکر کرده این پسر خوشگله عاشقش شده».

علی با بی‌اعتنایی گفت:

- من که اصلاً خوشم ازش نمیاد. خیلی ابتدایی فکر می کنه. همه‌اش فکرش دنبال...

علی انگار داشت دنبال کلمه‌ی مناسبی می گذشت تا بتواند جلوی مامان و بابا به کار ببرد. بابا لبخند زد و گفت:

- منظورت اینه فکرش دنبال دخترهاس! خب بنده خدا تقصیر نداره. افتاده وسط یه مشت بچه پولدار سوسول، خارجی ندیده.

مامان با هیجان حرف بابا را تأیید کرد:

- آره بابا، نمی‌دونی چه مهمونی‌هایی واسه‌اش می گیرن! اوه!!! بیا و ببین. امروز یک خانمی مادر آریا رو قسم می‌داد که حتماً باید برای تولد دخترش بره می گفت: «به خدا اگه نیای دیگه باهات حرف نمی‌زنم به همه گفتم مهمون خارجی داریم اگه نیای آبروم میره!»

از سر شام بلند شدم. مامان با تعجب گفت:

- واه، تو که هنوز هیچی نخوردی؟

- میل ندارم. می‌رم بخوابم.

مامان با نگرانی دست به پیشانی‌ام زد. وقتی مطمئن شد تب ندارم خیالش راحت شد و گفت:

- لابد امروز زیاد خسته شدی که اشتها نداری. برو استراحت کن .

به اتاقم رفتم. خودم را روی تخت انداختم. سرم را در بالش فرو کردم و زدم زیر گریه. از احمق بودن خودم خجالت می کشیدم. از سادگی خودم متنفر بودم.

هنوز هم بعضی وقت‌ها که به یاد آن عشق دوران نوجوانی می‌افتم به خودم می خندم.

هر سال دیزین شلوغ‌تر می‌شد و از مکانی ورزشی به جایی برای نمایش لباس و کفش و چوب اسکی و آرایش تبدیل می‌شد. خصوصاً روزهای جمعه که پیست پر می‌شد از مبتدی.

از وقتی دانشگاه قبول شده بودم روزهای پنج شنبه کلاس نمی‌گرفتم تا پاییز و بهار بتوانم به راحتی به کوه بروم و زمستان‌ها به اسکی.

علی با دوستانمان هماهنگ می‌کرد و می‌رفتیم. احساس خوبی بود، باور می‌کردیم بزرگ شده‌ایم. وقتی علی ماشین می‌آورد مامان و بابا خیال‌شان راحت بود اما اگر قرار بود با ماشین یکی از بچه‌ها برویم مامان خیلی نگران می‌شد و مرتب سفارش می‌کرد و تا برمی‌گشتیم حسابی دلواپس بود.

اولین بار بود که می‌خواستیم با بچه‌ها شب دیزین بمانیم. چند روز تعطیلی داشتیم و برف خوبی هم باریده بود. من حسابی هیجان زده بودم و کلی اصرار کرده بودم تا مامان بالاخره اجازه داده بود. اما می‌دانستم نگران است. وقتی دایی مهدی خبردار شد و پیشنهاد کرد با ما بیاید مامان دیگر خیالش راحت شد.

من به زهره و بهاره خبر داده بودم. سال‌ها بود که خانواده‌هایمان هم دیگر را می‌شناختند و در ارتباط بودند. تا همین پارسال پدر مادرها بردن ما را به دیزین بین خودشان نوبتی می‌کردند.

من احساس می‌کردم علی و بهاره به هم علاقمندند اگر چه هیچ کدام به روی خودشان نمی‌آوردند.

زهره گفته بود با رضا می‌آید. معمولاً همه جا با هم بودند. رابطه‌شان به نظر جدی می‌رسید. رضا پسری شوخ و پرانرژی بود از بچه‌های دانشکده فنی. همه می‌گفتند نابغه است. اما امکان نداشت حدس بزنی در پشت آن چهره‌ی همیشه خندان و شخصیت شوخ و بازیگوش، هوش سرشاری هم وجود داشته باشد.

دایی مهدی با پروانه آمد، دوست دختر زیبایش که رکورد طولانی ترین دوره دوستی را بین تمام دوست دخترهای دایی

شکسته بود؛ بیش از دو سال از دوستی آنها می‌گذشت. عزیز جان با هیجان می‌گفت: «به خدا فکر کنم این بار دیگه جدیّه، مطمئنم مهدی می‌گیرش. فکرش رو بکن این پسره نمی‌تونست هیچ دختری رو بیشتر از سه ماه تحمل کنه، حالا دو ساله با اینه!»

علی به حامد هم خبر داده بود.

من و علی و بهاره و پروانه با ماشین دایی مهدی رفتیم مامان کلی دایی را قسم داد که با سرعت نرود، سرآخر هم برای محکم کاری با تحکم گفت: "دیگه سفارش نمی‌کنم مهدی، جان تو و جان بچه‌ها"

زهره قرار بود با ماشین رضا بیاید و حامد را هم که با رضا دوست و هم دانشگاهی بودند، با خود بیاورند. ما کمی نگران بودیم گشت نیروی انتظامی جلوی آنها را بگیرد. زهره گفته بود: «نگران نباشین. چند باری که من و رضا رو گرفتن فهمیدم چه کار باید بکنم؛ حالا هر وقت که می‌خوایم از شهر بیرون بریم، من چادر و مقنعه می‌پوشم بدون کوچکترین آرایش. دیگه هیچ کس کاری بهمون نداره.»

توی ماشین که نشستیم علی با احتیاط از دایی پرسید:

- دایی جون، انشالله که توی ماشین چیزی ندارین؟

دایی لبخندی زد، از آینه نگاهی به عقب کرد و گفت:

- منظورت از "چیییز" چیه علی جون؟ جلوی این خانم‌های محترم!

علی که همیشه جلوی بهاره بیشتر مراقب رفتارش بود گفت:

- به هر حال دایی جون می‌دونین که توی تعطیلات نیروهای انتظامی توی جاده‌ها حساسیتشون بیشتر میشه.

دایی پوزخندی زد و با لحن لاتی گفت:

- داش علی، باکت نباشه، تا با منی، غم نداری، دااااش،

بی‌خیـال.

پروانه که جلو نشسته بود با لحن شیرینش گفت:

- وا، علـی جـون. مهـدی کـه اهـل ایـن حرفـا نیسـت؟ مـن کـه تـا حـالا ندیـدم لـب بـه مشـروب بزنـه.

دایـی بـا علاقـه نگاهـی بـه پروانـه انداخـت امـا انـگار بـه یـاد چیـزی افتـاده باشـد دوبـاره سـریع بـه طـرف او برگشـت و گفت:

- پروانه این دستمال چیه کردی سرت؟ مقنعه نداری؟

- چرا، توی کیفمه.

- خـب بکـن سـرت تـا از تهـران بیـرون نرفتیـم. حسـابی هـم بیـارش جلـو. مـن حوصلـه نـدارم برادرهـا امـروز حالمـو بگیـرن.

دو اتـاق چهـار تختـه در هتـل دیزیـن رزرو کـرده بودیـم یکـی بـرای دخترهـا و یکـی بـرای پسـرها.

اولیـن بـار بـود کـه می‌خواسـتیم مجـردی در هتـل بمانیـم. مامـان کمـی نگـران مـا دخترهـا بـود کـه اجـازه ندهنـد شـب در هتـل بمانیـم. بابـا گفتـه بـود: «خانـم واسـه چـی بی‌خـودی نگرانـی؟ اون همـه دوسـت و آشـنا داریـم تـوی ده دیزیـن. اگـه هتـل نشـد خـب می‌تونـن شـب اونجـا بخوابـم، ناراحتـی نـداره».

امـا مشـکلی نبـود. بعـد از پـر کـردن فـرم، شناسـنامه‌های مـا را گرفتنـد و کلیـد اتاق‌هـا را دادنـد.

بعـد از جابه جایـی وسـایل و خـوردن صبحانـه داشـتیم بـه طـرف پیسـت می‌رفتیـم کـه کسـی از پشـت صدایـم زد:

- مریم جون!

برگشتم، چند ثانیه‌ای گذشت تا او را به جا آوردم. سوسن بود.

- سوسن؟

- اوا، چیه؟ نشناختی؟

- چقدر عوض شدی!

- جدی؟ پس معلومه؟
- بذار ببینم، دماغتو عمل کردی؟
- آره، خب شده؟
- خیییییلی خوب شده.

سوسن از بچه‌های هم رشته‌ی من بود. در این سه سال که من دانشجو بودم، هر ترم با هم واحد داشتیم. بچه‌ها می‌گفتند ده دوازده ترمی است که به دانشگاه می‌آید و تا به حال چهار بار مشروط شده است اما به زور پارتی بازی هنوز در دانشگاه بود.

همه سوسن را در دانشکده می‌شناختد چون هیچ دختری به اندازه او عجیب و غریب لباس نمی‌پوشید و تا آن حد آرایش نمی‌کرد. همیشه زمان وارد شدن، با مأمورین حراست دانشگاه مشکل داشت. تمام نگهبان‌ها، بچه‌های بسیجی و مأموران حراست او را به نام می‌شناختند. روز نبود که به خاطر آرایش، لاک ناخن، مدل مانتو و چیزهای دیگر تذکر نشنود. جالب این جا است که خسته هم نمی‌شد باز روز بعد با آرایش و مانتوی نامناسب می‌آمد و تذکر می‌شنید. التماس می‌کرد که او را به داخل دانشگاه راه دهند. قول می‌داد، قسم می‌خورد حتی اشک می‌ریخت که دیگر با آن وضع به دانشگاه نمی‌آید ولی این وضع سال‌ها بود که ادامه داشت.

سوسن به خاطر شخصیتش هم معروف بود، لحن صحبت کردنش بسیار لاتی بود، با پسرهای دانشکده بیشتر دوست بود تا دخترها. می‌گفت: «پسرها مرام دارن، دوستی حالیشونه. با معرفتن». علی رغم تذکر بچه‌های بسیجی و حراست، همیشه با پسرها در حال حرف زدن و شوخی کردن بود.

می دانستیم پدرش در کار ساخت و ساز مجتمع‌های مسکونی بود. یک نمایشگاه بزرگ اتومبیل هم در ولیعصر داشت که

یکی از پسرهایش اداره‌اش می‌کرد و یک آژانس معاملات ملکی در الهیه که برادر دیگر سوسن در آن مشغول بود. خانه‌ی ویلایی بسیار بزرگ و شیکی در زعفرانیه داشتند. سوسن اولین و تنها دانشگاه رفته‌ی خانواده بود. خودش به شوخی می‌گفت: «به من می‌گن افتخار فامیل! به خدا بابام نمی‌تونه یه جمله رو بی‌غلط بنویسه، باید خطشو ببینین! جلوی دوست و آشنا با افتخار می‌گه: دخترم میره دانشگاه!»

در مورد برادرهایش می‌گفت: «یکی شون سوم راهنمایی داره اون یکی هم دیپلم ردّیه. توی این چند سالی که من این جا عمرمو تلف کردم اونا حسابی واسه خودشون کیف کردن و پولدار شدن.»

سوسن شباهتی به دخترهای پول دار دانشکده نداشت. علاوه بر این که بیش‌تر با پسرها بود تا دخترها، حوصله‌ی دخترهای پولدار، مودب و آداب دان را هم نداشت. البته آنها هم سوسن را به جمع خودشان راه نمی‌دادند، اگر چه از ثروت پدرش خبر داشتند و حتی بعضی با سوسن همسایه بودند، اما حتی جواب سلامش را هم با اکره می‌دادند.

حالا سوسن جلویم ایستاده بود با بینی جراحی شده. پرسیدم:

- پس بگو واسه چی این اواخر توی دانشکده نمی‌دیدمت.

- یه مدت مرخصی گرفته بودم اما این ترم اگه بذارن می‌خوام بیام.

- نمی دونستم دیزین میای.

- نه بابا من از برف و سرما اصلاً خوشم نمیاد. با بچه‌ها اومدم. مگه تو اسکی می‌کنی؟

- آره.

- یعنی از اون بالا؟

خندیدم و گفتم: آره. اما اصلاً ترس نداره. زود راه می‌افتی.

- عمراً! مگه بی‌کارم؟ بیفتم با این دماغ عمل شده!
علی از دور صدایم زند. گفتم:
- خب، من باید برم.
- دوست پسر خوش تیپی داری، ناقلا!
- دوست پسرم نیست برادرمه.
داشتم می‌رفتم که سوسن چیزی یادش افتاد.
- راستی مریم، نمی‌دونی این جا چطوره؟ گیر می‌دن؟
- به چی؟ به آرایش و لباس؟ فکر نکنم. خودت که می‌بینی دخترا چطوری لباس پوشی...
- نه، منظورم به پسر و دخترا ... این جور چیزاست.
- خب، راستش درست نمی‌دونم. ما که تا حالا مشکلی نداشتیم.
سوسن خوشحال شد و گفت:
- پس خوبه. البته من و کتی دوستم اتاق گرفتیم اما بروبچه‌ها شاله گرفتن. می‌خوان امشب تولد بگیرن. فکر می‌کنی کسی گیر بده؟
- من تا حالا شاله نبودم. البته خب اون شاله‌ها یه کمی از هتل فاصله دارن ممکنه کسی کاری نداشته باشه.
دختری با ظاهری عجیب و غریب‌تر از سوسن از پشت داد زد:
- سوسن، معلومه کدوم گوری هستی؟
سوسن هم در جوابش داد زد:
- خفه شو، ببینم! منو کاشتی این جا رفتی لاس زدن یه چیزی هم طلبکاری؟
و بعد رو به من کرد و گفت: «این کتی خره س! خب ببین ما شاله‌ی ۱۴ هستیم اگه دوست داشتی حتماً سری بزن خوش می‌گذره.»
سوسن خداحافظی کرد و رفت.

آخر شب، قبل از رفتن به اتاق‌هایمان تصمیم گرفتیم کمی قدم بزنیم. بعد از تهران آلوده، نفس کشیدن در آن هوا نعمت بزرگی بود.

به آسمان سیاه و پر ستاره چشم دوخته بودم که مرموز می‌نمود و ناخودآگاه حسی عجیب در تو بیدار می‌کرد.

به جز صدای پارس چند سگ که از دور به گوش می‌رسید. دیگر صدایی شنیده نمی‌شد الا صدای تماس کفش‌هایمان با برف‌های کوبیده و یخ زده.

از این پایین که نگاه می‌کردی کوه، پر ابهت و با شکوه جلوه می‌کرد.

در سکوت مدتی قدم زدیم انگار همه به آن آرامش احتیاج داشتیم.

از راه باریکی که بین برف‌ها درست شده بود به طرف شاله‌ها به راه افتادیم که درست در دامن کوه بودند.

علی گفت:

- این جا نسبت به اطراف هتل خیلی آروم تر.

دایی حرفش را تائید کرد: - آره و گرون تر.

من به یاد سوسن افتادم و گفتم: - امروز یکی از بچه‌های دانشکده رو دیدم گفت شاله‌ی ۱۴ امشب مهمونی دارن.

بیرون شاله‌ی ۱۴ ایستادیم صدای موسیقی و خنده و همهمه‌ی گفتگو تا بیرون می‌آمد.

رضا با خوشحالی گفت:

- چطوره بریم یه کمی حال کنیم.

زهره اخم کرد و گفت:

- وا! چه حرفا! همینو کم داریم.

دایی آرام و بی‌صدا از پله‌های شاله بالا رفت. از لای پرده‌های افتاده‌ی چند پنجره نگاهی به داخل انداخت و بی‌سر و صدا از

پله‌ها پایین آمد. آهسته گفت:

- یا این جا اروپاست و ما نمی‌دونستیم یا این بچه‌ها امشب کار می‌دن دست خودشون.

علی گفت:

- واسه چی؟

- همه چی دارن. از مشروب و تریاک و وافور گرفته تا... (نگاهی به پروانه کرد و ادامه داد) خلاصه همه چی.

رضا به شوخی گفت:

- مریم می‌گه دعوت مون کردن، خب یه سر بریم. بابا از قدم زدن توی سرما که بهتره یه کم دل مون وا شه.

دایی گفت:

- بفرما، کی جلوتو گرفته؟ اما گفته باشم من یکی فردا نمیام سند بذارم از بازداشگاه بیای بیرون، ها!

پاهایمان که از سرما کرخ شد، به طرف هتل به راه افتادیم. پروانه گفت:

- اگه گفتین الان چی می‌چسبه؟

هر کس چیزی گفت:

- یه چای داغ.

- من هوس بستنی کردم.

- توی این سرما؟

- کیک بستنی. بابا امروز ناهار و شاممون شد یکی. گشنمه دیگه.

- بمیرم برات. پس اون پیتزا و سیب زمینی سرخ شده و چیپس و شوکولات‌ها رو من خوردم.

- اون که غذا نیست. غذا یعنی پلو، خورشت، کباب...

- من‌هات چکلات می‌خوام.

دایی گفت:

- پس اینطور که معلومه باید یه راست بریم کافی شاپ.

***

نصف شب با صدای رفت و آمد در راهرو از خواب پریدم. سعی کردم توجه نکنم که کسی در زد. نگران شدم. چه اتفاقی می‌توانست افتاده باشد. دوباره محکم در زدند. پروانه را تکان دادم:

- پروانه جون در می‌زنن. من می‌ترسم باز کنم.

پروانه با عجله روی تخت نشست. چند ثانیه بهت زده با موهای به هم ریخته و چشمان نیمه باز به من نگاه کرد. حالا زهره و بهاره هم بیدار شده بودند. زهره به طرف در دوید و با صدای بلند پرسید:

- کیه؟

صدایی زنانه گفت:

- وا کن.

کی می‌توانست آن وقت شب باشد. زهره با شک پرسید: - شما؟

صدای زنانه با بی‌حوصلگی جواب داد:

- می گم وا کن. از اماکن اومدیم.

ما با وحشت به هم نگاه کردیم. بهاره با چشمان گرد شده از ترس زیر لب گفت:

- یعنی چی شده؟ شاید واسه اونا اتفاقی افتاده.

زهره با صدای بلند گفت:

- صبر کنین تا لباس بپوشی...

زن نگذاشت حرف زهره تمام شود. محکمتر در زد و گفت:

- لازم نکرده! ما همه زنیم.

زهره نگاهی به ما کرد. با تعجب و اخم گفت:

- «همه»؟

پروانه گفت:

- باز کن الان درو می‌شکنه. ما که تنها نیستیم اگه خواستن بلایی سرمون بیارن جیغ می کشیم.

پروانه جمله آخر را طوری گفت که انگار واقعاً در آن لحظه آماده‌ی جیغ کشیدن است. زهره در را باز کرد و سه زن چادری وارد اتاق شدند. یکی از آنها جلوی در ایستاد که کسی خارج نشود. دو نفر دیگر همه جا را سریع گشتند؛ اتاق، زیر تخت‌ها، دستشویی، داخل کمدها و روی بالکن. ما با چشمان گرد شده از تعجب و موهای آشفته در لباس خواب نمی‌دانستیم چه اتفاقی افتاده و این کارها برای چیست. کسی هم قصد نداشت توضیحی بدهد.

وقتی کارشان تمام شد نوبت به سوال کردن رسید:

- با هم چه نسبتی دارین؟ چند وقته با هم دوستین؟ آدرس تهران؟ شماره تلفن؟

ما طبق آنچه از اول قرار گذاشته بودیم گفتیم که چهارتایی آمده‌ایم و چیزی در مورد افراد دیگر گروه نگفتیم.

جواب‌های ما را با آنچه در فرم نوشته بودیم مطابقت دادند کارشان که تمام شد از اتاق بیرون رفتند. خانمی که جلوی در ایستاده بود گفت:

- درو از پشت قفل کنین.

پروانه گفت:

- ببخشین میشه بگین این سوال و جواب‌ها واسه چی بود؟

زن با بی‌اعتنایی گفت:

- چیزی نیست، یه بازرسی معمولی.

پروانه حالا که دیده بود همه چیز رو به راه است از مزاحمتی که برایمان پیش آورده بودند شکایت داشت. اخم کرد و با

لحنی معترض گفت:

- این که نصف شب ما رو از خواب بیدار کردین و اتاق رو گشتین اسمش «یه بازرسی معمولیه؟»

زن با چشمان خسته از بی‌خوابی با بی‌تفاوتی جواب داد:

- دو تا دختر مثل شما امروز اومدن اتاق گرفتن، نصف شب سر از اتاق دو تا پسر درآوردن. ما چی می‌دونیم کی این جا چه کار می‌کنه؟ میان جدا اتاق می‌گیرن بعد نصف شب معلوم نیست چه غلطی می‌کنن. امشب مجبور شدیم تمام اتاق‌هایی که دخترا و پسرای مجرد گرفتن بگردیم.

زن این را گفت و در اتاق را پشت سرش کوبید.

ما با پسرها قرار گذاشته بودیم تحت هیچ شرایطی در اتاق همدیگر نرویم. پروانه به من گفت:

- مریم بیا یه زنگی بزن به علی ببین سر سراغ اونا هم رفتن یا نه؟ ببین همه چی خوبه؟ من جرات نمی‌کنم با مهدی حرف بزنم یه وقت دیدی تلفن‌ها هم تحت کنترل باشه.

با اولین زنگ، دایی مهدی گوشی را برداشت و گفت:

- می‌خواستیم همین الان بهتون زنگ بزنیم.

- خوب شد که زنگ نزدین سه تا خواهر اومده بودن اتاق ما، همه جا رو گشتن کلی هم سین جیم مون کردن. اون جا چه خبر؟

- آره، اتاق ما رو هم گشتن. درو از پشت قفل کنین و بخوابین. صبح، سر صبحانه همدیگرو می‌بینیم.

- باشه. دایی جون. شب بخیر.

همه به تخت‌هایمان برگشتیم و چراغ را خاموش کردیم. اما خواب از سرمان پریده بود. حالا هر کدام چیزی تعریف می‌کرد و بقیه می‌زدن زیر خنده. پروانه با صدای زیر با ترس تذکر می‌داد: «بچه‌ها، تو رو خدا آروم تر! یه وقت این

سادیست‌ها دوباره نیان سراغمون.»

- وای مریم، قیافه‌ات دیدنی بود با اون یه لنگ دمپایی که پات کرده بودی! موهات همچی سیخ شده بود انگار یه تیوپ ژل زدی. فکر کنم از ترس بود!

- قیافه‌ی خودتو ندیدی پنج دقیقه یه چشت باز بود اون یکی همین طوری چسبیده. با خودم فکر می کردم تو چرا متوجه نمی‌شی!

- وای بچه‌ها، قیافه‌ی پروانه از همه با مزه‌تر بود مثل این خانم بزرگا داره کل کل می کنه، حالا کش شلوار خوابش شله این جوری خشتکش اومده پایین تا زانوش. با اون موهای ژولیده همچین که حرص می‌خورد من فکر می کردم شلواره بالاخره از پاش می‌افته یا نه...

سر صبحانه دایی مهدی همین که لقمه می گرفت و در دهان می گذاشت با حوصله شروع کرد به تعریف کردن: «با سر و صدایی که از بیرون می‌اومد از خواب پریدم. این سه تا که داشتن خواب هفت پادشاه رو می‌دیدن. علی که دهنش باز بود و داشت خرخر می کرد. فکر کنم رضا هم داشت یه انتگرال حل می کرد هی بول بول یه چیزی می گفت.»

حامد خندید و گفت: «بیا، فقط من مثل آدم خوابیده بودم.»

- تو رو ندیدم تختت دورتر بود توی تاریکی معلوم نبودی. خلاصه از شوخی گذشته گوش تیز کردم فهمیدم هر چه هست مربوط به اتاق بغلیه خودمونه. صدای عربده‌ی چند تا مرد بود و التماس و گریه یه زن. بعد از چند دقیقه داد و بیداد، کار کشید به کتک کاری. فکر کردم بلند شم در و باز کنم ببینم چه خبره.

زهره با شیطنت گفت: «یعنی بیرون عربده می کشیدن اون وقت این سه تا خواب بودن؟»

دایی مهدی استکان چای را سر کشید و گفت:

- اون که مشغول انتگرالش بود این هم داشت خرخر گلوی کسی رو می‌جوبد. (دایی چشمش به حامد افتاد) و ادامه داد: اونو نمی‌دونم تختش دورتر بود توی تاریکی پیدا نبود.

من که سراپا گوش بودم گفتم: «دایی بعدش؟ بعدش چی شد؟»

دایی لقمه‌ی دیگری گرفت و ادامه داد: «حواس آدمو پرت می‌کنن، چی داشتم می‌گفتم؟.. آها، آروم لای درو باز کردم دیدم ای بابا راهرو پر از نیروی انتظامیه. انگار یه باند قاچاق گرفته باشن حالا دختره جیغایی می‌کشید که نگو! هی داد می‌زد: «کشتنش! آی‌ی ی مردم کمک! کشتنش!»

علی گفت: «آره جیغ‌های زنه رو هم من می‌شنیدم. چشامو که باز کردم دیدم دایی سرشو از لای در کرده بیرون و یه زنی هی جیغ می‌کشه.»

دایی با دهان پر گفت: - «کسی هم هی عربده می‌کشید: «بِبُر صداتو، گفتم بِبُر اون صداتو» البته فحش‌هایی هم چاشنیش می‌کرد که حالا ولش. ولی دختره ول کن نبود. فکر کنم شوکه شده بود. بعد صدای دو تا سیلی اومد که کار خودشو کرد و جیغای بنفشی که زنه می‌کشید حالا شده بود هق هق گریه. همه از اتاقاشون سرک کشیده بودن بیرون که ببینن نصف شبی چه خبره.»

دایی استکان دوم چای را روی لقمه گرفت و ادامه داد: «یکی از این برادرا نعره زد: "همه برین توی اتاقاتون! کسی حق نداره خارج بشه." من که مطمئن بودم ازشون موادی چیزی گرفتن، چون بد جوری قاطی کرده بودن، اومدم تو و درو بستم. بعدش صدای چند تا زن رو شنیدم که اومده بودن توی اتاق. بعد هم فکر کنم بردنشون. چون دیگه از اتاق بغلی صدایی نشنیدیم. یه

بار دیگه درو باز کردم سرمو بردم بیرون نگاهی بندازم که دیدم چند تا از نیروهایی نظامی بیرون وایسادن یکی شون تا منو دید انگار جن دیده باشه گفت: "برو تو درو هم ببند!" درو بستم و اومدم روی تخت. چند دقیقه‌ی بعد، محکم در زدند از جا پریدم درو باز کردم سه تا ریختن توی اتاق. یکی شون داد زد: "از جاتون تکون نخورین!!!"

حامد گفت:

- آره با اون صدا بود که من از خواب بیدار شدم. نمی‌تونستم بفهمم کجام اینا کیه ان؟

علی گفت:

- یعنی فکرشو بکنین قبلش ما اون همه گفتیم و خندییم، ایشون خواب بودن!

من گفتم:

- پس اتاق شما رو هم گشتن؟

دایی گفت:

- آره زیر و روی تخت و کمدها و سرویس رو همه حسابی گشتن.

پروانه گفت:

- شما هم حرفی نزدین و همین طوری نگاشون کردین؟

دایی گفت:

- چه می‌دونستیم دنبال چی ان؟

- حالا دنبال چی بودن؟

- دنبال زن! فکر می‌کردن ما کسی رو جایی قایم کردیم.

زهره گفت:

- آره. فکر می‌کردن ممکنه ما هم مرد قایم کرده باشیم. توی اتاق مون همه جا رو گشتن.

دایی با شیطنت پرسید: خب؟

- چی خب؟
- خب یعنی پیدا نکردن؟
زهره که متوجه شد دایی دارد سر به سرش می‌گذارد گفت:
- ای بابا، آقا مهدی!!!

سید رضا ما را بیرون از هتل که دید با خوشحالی به طرف مان آمد. علی را بغل کرد و بوسید. اما چند سالی بود که دیگر مرا نمی‌بوسید. بلکه خیلی صمیمانه دستم را می‌فشرد. به دور و بر نگاه کرد؛ دنبال بابا می‌گشت. علی گفت با دوستان مان آمدیم و شب در هتل بودیم.

سید رضا از اهالی ده دیزین، مثل بقیه مربیان اسکی صورتش از آفتاب سوختگی به سیاهی می‌زد. سال‌ها بود که او را می‌شناختیم. من و علی او را عمو رضا صدا می‌زدیم. اول مربی علی بود و بعداً هم با من کار می‌کرد. بابا خیلی از او خوشش می‌آمد. مامان در طول زمستان، هر بار که نذری داشتیم حتماً سهمی برایش می‌گذاشت. در کارش خیلی با مسئولیت و جدی بود. همیشه از دور حواسش به اسکی مان بود حتی حالا که دیگر بزرگ شده بودیم. همیشه نکته‌ای و تذکری داشت برای گفتن و ما با علاقه به حرف‌هایش عمل می‌کردیم.

سید پرسید:
- تونستین خوب بخوابین؟ اذیت که نشدین؟
- نه، نه زیاد.
- بابا، پدر ما دراومد. کم مونده بود ما رو هم کتک بزنن.
- کیا؟
- این بچه‌های اماکن دیگه.
- واسه چی؟
- می گفتن قصور کردین، بی‌مسئولیتی کردین.

در دو هتل دیزین و اقامتگاه‌های آن اطراف، از افراد بومی به

عنوان خدمه استفاده می‌کردند. در واقع بیش‌ترین درآمد مردم آن منطقه خصوصاً ده دیزین از همین راه تأمین می‌شد. سید می‌گفت:

- دیشب شاله‌ی ۱۴ غلغله‌ای بود که بیا و ببین! پارتی راه انداخته بودن؛ صدای موسیقی شون تا خود هتل می‌اومد. خودم رفتم بهشون تذکر دادم. چه بساطی راه انداخته بودن. مشروب و تریاک و (می خواست چیزی بگوید که نگاهی به من اندازد و جلوی خودش را گرفت) خلاصه چند تا دختر با چه وضعی با چه لباس‌هایی! بهشون گفتم "به من ربطی نداره اما هر شب از اماکن میان واسه بازرسی. حواستون باشه اگه شما رو بگیرن واسه ما هم مسئولیت داره. نامحرم باشین نمی‌تونین یه جا بمونین. بهتره هر کی بره اتاق خودش." یکی شون که حالش بهتر بود، صدای ضبطو آورد پایین و گفت: "حالیمونه. الان می‌گیم دخترا برن". از شانس نداشته‌ی من که دیشب شیفت داشتم یکی از دخترا وقتی اماکنی‌ها توی هتل داشتن شناسنامه‌ها رو کنترل می‌کردن، میاد که بره بالا. با لباس ناجور و مست. یکی از مأمورا ازش می‌پرسه "نصف شبی کجا میری؟" اون هم می‌گه "اتاقم" کلیدو نشون میده اماکنیه چک می‌کنه می‌بینه اتاق رو دو تا پسر گرفتن. چند دقیقه‌ای صبر می‌کنه و بعد میره در اتاق و می‌فهمه که آره دختره اون جاست با یکی شون. اون یکی پسره رو هم با یه دختر دیگه توی اتاقی پیدا می‌کنن که دو تا دخترا گرفته بودن. خلاصه سرتونو درد نیارم ما تا صبح بیچاره شدیم. ما رو ورداشتن با اونا بردن اماکن. چه مصیبتی! چه آبروریزی! دخترا رو بردن پزشکی قانونی. حالا پسرهایی هم که باهاشون بودن شاکی بودن و زبون درآوردن که «اینا اصلاً (سید رو به من کرد و گفت ببخش مریم جون)، دختر نبودن و تا حالا با صدتا بودن چرا دردسرش

باید بیفته به گردن ما...» و از این حرفا. حالا از همه جالب‌تر پدر یکی شون بود اومده بود سند بذاره دخترشو از بازداشگاه دربیاره. دخترشو گرفته بود به فحش که: «پدر سگ! من دو تا ویلا توی شمال خریدم واسه چی؟ واسه این که شما، توله سگ‌های مادر ...ها هر کثافت کاری که خواستین برن اون جا بکنن. اون وقت تو رفتی توی هتل آبرو ریزی راه انداختی؟» دختره رو گرفته بود زیر مشت و لگد.

با تعریف‌های سید تقریباً مطمئن شدم که موضوع باید به سوسن مربوط شود. آن روز هر چقدر دقت کردم نه او و نه کتی را در پیست ندیدم. بعد از ظهر وقتی به تهران برمی گشتیم، من و علی از دایی و پروانه قول گرفتیم که در مورد آن موضوع چیزی به مامان نگویند و الا نگران می‌شد و امکان نداشت دوباره اجازه دهد ما با دوستان مان به دیزین برویم.

موضوع داشت فراموشم می‌شد که هفته‌ی بعد در دانشکده اتفاق عجیبی افتاد. بعد از چند روز تعطیلی اواسط هفته که به دانشکده رفتیم متوجه شدیم مطلبی خصوصی در مورد سوسن نوشته و به تعداد خیلی زیاد در سراسر دانشکده پخش شده بود. حتی روی در و دیوار توالت‌ها.

نویسنده با لحنی عصبی و انشایی عامیانه و سطح پایین از مسائل خصوصی سوسن نوشته بود، از روابط جنسی او و موضوع سقط جنین.

این جریان مسلماً مثل توپ در دانشکده پیچید. چون خیلی تازگی داشت و قبل از آن ندیده بودیم کسی چنین کاری بکند.

آن روز در سلف دانشکده مشغول خوردن ناهار بودیم که ناگهان از قسمت پسران که با پرده‌ای ضخیم از قسمت ما جدا می‌شد، صدای جیغ زنی و افتادن چند صندلی شنیده شد. از جا بلند شدیم و پرده را کنار زدیم سوسن داشت با یکی از

پسرهای شر دانشکده به نام کاظم کتک کاری می کرد.

کاظم در بین بچه‌های دانشکده به لاتی و لاابالی گری معروف بود. هیچ کس نمی‌دانست چطور دانشگاه قبول شده است. انگار از چاله میدان مستقیم سر کلاس بیاید. مثل سوسن مرتب از واحدها می‌افتاد و مشروط می‌شد. اما باز هم ما او را می‌دیدیم. بعضی دخترها می گفتند که بارها از او فحش‌های ناهنجار شنیده‌اند.

کسی جرات نمی کرد جلو برود و آنها را از هم جدا کند. کاظم با آن هیکل بزرگ و عضلانی‌اش بالاخره دست‌های سوسن را محکم گرفت و دو تا سیلی به صورتش زد. مقنعه از سر سوسن افتاده و دگمه‌های مانتویش باز شده بود. اما برایش مهم نبود در چه وضعیتی است مثل گرگ وحشی زوزه می کشید و سعی می کرد دست‌هایش را آزاد کند وقتی دید بی‌نتیجه است تفی به صورت کاظم انداخت و گفت: «بی شرف هر چه بود، گند و کثافت خودت بود. کی منو حامله کرد؟ کار خود بی‌شرفت مگه نبود؟»

چند نفر از مأمورین حراست دانشکده آمدند و آنها را با خود بردند. بعد از آن ما دیگر سوسن را سر کلاس‌ها نمی‌دیدیم.

اواخر ترم بود. در یک روز گرم تیر ماه با چند نفر از هم کلاسی‌ها در بوفه‌ی دانشکده نشسته بودیم و بستنی می‌خوردیم که سوسن وارد شد. ما را که دید لبخند زد و به طرف‌مان آمد. با تک تک ما روبوسی و احوال‌پرسی گرمی کرد. نوشیدنی‌ای گرفت و دوباره برگشت. خیلی سرحال و زیبا به نظر می‌رسید. طبق معمول با آرایش فراوان و لباس غیرعادی.

احساس می کردم بعد از آن دعوا و کتک کاری نه تنها من بلکه تمام کسانی که سر میز نشسته بودند یک جورایی از او می‌ترسیدند. اگر خودش سر میز ما نیامده بود امکان نداشت

به روی خودمان بیاوریم که او را می‌شناسیم.

گفت که می‌خواهد به کانادا برود برای گرفتن مدرکش به دانشکده آمده است. کمی از این در و آن در صحبت کرد و احوال بعضی از بچه‌ها و استادها را پرسید و بعد ناگهان حالت چهره‌اش عوض شد و پرسید:

- کسی از کاظم خبر داره؟ میاد دانشکده؟

همه سکوت کردند. من گفتم:

- من که بعد از ... بعد از دعواتون دیگه ندیدمش.

سوسن سرش را پایین انداخت و در حالی که با نی نوشیدنی‌اش بازی می‌کرد گفت:

- پس همه از اون دعوا خبر دار شدن؟...

کسی جوابی نداد. پوزخندی زد و انگار داشت با خودش حرف می‌زد زیر لب گفت:

- دیوونه! پسره‌ی دیوونه! یه روزی عاشقش بودم. حاضر بودم همه چی رو واسه‌اش فدا کنم. حامله‌ام کرد. گفتم: «بیا با هم عروسی کنیم بچه رو هم نگه می‌داریم» گفت: «من هنوز آماده نیستم، یه آس و پاسم. خجالت می‌کشم بیام خواستگاری‌ات». سقطش کردم. آشغال! قدرمو ندونست. خودم دیدمش با دو تا چشمای خودم تو ماشین یکی از دوستام. حاشا کرد، قسم خورد که اشتباه می‌کنم. باز خر شدم باز بهش سواری دادم، تا این که دوباره بهش شک کردم این بار تعقیبش کردم توی آپارتمان همون دوستم گیرش آوردم. رفتم تو و سیلی خوابوندم توی گوشش. دیگه محلش نذاشتم. اما می‌دونستم خاطرمو می‌خواد. چشم نداشت منو با پسرای دیگه ببینه. واسه این که حرصو در بیارم رفتم دماغمو عمل کردم. جلوش با همه‌ی پسرای دانشکده لاس می‌زدم تا از غصه بمیره. نمی‌دونستم همه جا منو می‌پاد تا ازم انتقام بگیره. اون شب توی دیزین پارتی

داشتیم. نامرد راپورت داده بود اما کنی‌ها شب ریختن توی اتاق مون. بدجوری آبرو ریزی شد. واسه‌ی من که مهم نبود. اینا همه عقب مونده ان. نمی‌دونن دنیا کجاست و ما کجاییم. یه مشت آدم پوسیده فکر می کنن هنوز ۱۴۰۰ سال پیشه که دختر تا قبل از ازدواجش نباید با هیچ مردی باشه. لاکردارها نمی گن اون موقع دختر از ۹ سالگی شوهر می کرد نمی‌موند تا بیست و چه می‌دونم سی سالگی. مجبور بشه خودشو از هر لذتی محروم کنه. خرهای عوضی نمی گن همین‌هاست که میشه عقده. چهار روز دیگه شوهر می کنی اما مثل پخمه‌ها از هیچی خبر نداری و مرده هر گهی که دلش بخواد باهات می‌خوره! چرا؟ چون چشم و گوش بسته بودی، نمی‌دونستی مرد چطور باید باشه... چی داشتم می گفتم؟ آره بدجوری آبروی بابام رفت. می گفت: «باس با همین پسره عروسی کنی.» هه! با اون ازگل! باید می‌دیدین چه کولی بازی درآورده بود بچه ننه! داد می‌زد: «این از اولش دختر نبوده، من مسئولیت قبول نمی کنم.» آشغال! من باهاش می‌خوابیدم که دق کاظم رو در بیارم. مگه من آدم حسابش می کردم که زنش بشم!؟ دهاتی! ننه من غریبه درآورده بود که بیا و ببین. گریه می کرد: «جناب سرهنگ! مگه من دیوونه‌ام این سیب گاز زده رو بگیرم. من اگه بخوام زن بگیرم که می‌رم دنبال یه دختر درست حسابی.»

بابام، بی‌شرف، جلوی پسره یه سیلی خوابوند توی گوشم و داد زد سرم: «پدر سگ! لااقل اگه زیر یه مرد می‌خوابیدی دلم نمی‌سوخت، این توله سگ رو از کجا پیدا کردی؟» من که نمی‌تونستم به باباهه بگم از دق کاظم این کارا رو می کردم... بعد از دعوای توی سلف دیگه ندیدمش. نمی‌دونم چه بلایی به سرش اومده. هر جایی که به ذهنم می‌رسید سر زدم. چند بار هم اومدم دانشکده شاید ببینمش اما همه‌ی واحداشو

حذف کرده. دوستاش هم می‌گن ازش خبری ندارن. شاید هم بی‌شرفا نمی‌خوان جاشو لو بدن...

سوسن نیم ساعتی نشست و بعدش هم خداحافظی کرد و رفت.

این آخرین باری بود که او را می‌دیدم.

درباره نویسنده

مژگان صمدی دارای کارشناسی ارشد در زمینه‌ی نقد ادبی از دانشکده‌ی ادبیات گورکی مسکو است.

وی در حال حاضر در دانشگاه منچستر به تدریس زبان و فرهنگ فارسی مشغول است.

آثار ترجمه شده از زبان روسی که در ایران منتشر شده‌اند عبارتند از:

والنتینا ۱۳۹۰ نشر مرکز
قضیه ی متران پاژ ۱۳۸۹ نشر مرکز
پسر بزرگ ۱۳۹۰ نشر مرکز
سال‌های سرگردانی ۱۳۹۲ نشر گلمهر
اُتّپِل (زمان آب شدن یخ‌ها) ۱۳۹۲ نشر کلاغ
آقای پوتین کیست ۱۳۸۰نشر دیگر

رمان و داستان

بگذار خودم باشم ۱۳۹۲ اچ‌انداس مدیا
حوّا ۱۳۹۲ اچ‌انداس مدیا

Eve

Cover: Kourosh Beigpour
Layout: H&S Media

ISBN: 978-1780833972

Eve

Short Stories

Mozhgan Samadi

H&S

2014